求是儿女

浙江大学医学院1946级的故事

陈宜张 编

浙江大学出版社
ZHEJIANG UNIVERSITY PRESS
·杭州

图书在版编目（CIP）数据

求是儿女：浙江大学医学院1946级的故事 / 陈宜张编. —
杭州 ： 浙江大学出版社，2022.11
ISBN 978-7-308-23055-1

Ⅰ. ①求… Ⅱ. ①陈… Ⅲ. ①浙江大学医学院－校友
－生平事迹 Ⅳ. ①K820.7

中国版本图书馆CIP数据核字（2022）第170960号

求是儿女——浙江大学医学院1946级的故事
陈宜张 编

责任编辑 赵 静
责任校对 胡 畔
封面设计 林智广告
出版发行 浙江大学出版社
（杭州市天目山路148号 邮政编码 310007）
（网址：http：//www.zjupress.com）
排 版 杭州林智广告有限公司
印 刷 浙江全能工艺美术印刷有限公司
开 本 710mm×1000mm 1/16
印 张 11.5
字 数 150千
版 印 次 2022年11月第1版 2022年11月第1次印刷
书 号 ISBN 978-7-308-23055-1
定 价 68.00元

前言

《求是儿女：浙江大学医学院1946级的故事》是一本讲述在浙江大学求是学风熏陶下成长起来的一群学子真实故事的书。浙江大学医学院1946级是浙江大学医学院的第一期学生，从1946年入学到1951年毕业这5年间，他们的主要活动场所就在杭州市大学路（浙江大学旧址）和田家园（浙江大学医学院附属医院旧址）。1951年后，他们大多数分散到全国各地。至于1952年的全国院校大调整，是他们离开浙江大学以后的事了。

本书包括四部分。第一编，浙江大学医学院1946级；第二编，浙大回忆；第三编，连环信；第四编，毕业后回访母校。

出版这样一本小册子，其主要目的是以真实事例来诠释与弘扬求是精神，例如：浙江大学的民主精神，名教授的学术风范，浙江大学医学院的建院宗旨，严格的教学—医疗作风，等等。此外，还有浙江大学校史上的某些具体史实，如民主墙、新中国成立前夕的护校活动、“于子三运动”的某些场景细节，等等。本书的许多回忆内容都以第一人称出现，读来亲切；跃然纸上的这10多位同学对母校的深情及同学间兄弟姐妹般的情谊，想必能引起读者的共鸣。

2021年6月，浙江大学医学院的同志来我家采访，我请他们把我的一个想法转达给医学院领导：能否以我们1946级同学写的《浙大回忆》及介绍“连环信”的材料为主，出版一本小册子，书名就叫《求是儿女：浙江大学医学院 1946 级的故事》。经过慎重考虑，他们决定出版这本书。决定之后，周泽永同志又帮助做了许多具体工作，他的工作非常细致和高效，我在此深表感谢。

本书内容，部分来自浙江大学医学院网上材料。凡是由我们同学写的材料都注明作者姓名；凡未标示姓名者，都由我撰写。

陈宜张

2021 年 10 月 30 日 于上海

时年九十有五

目录

第三编　连环信

第四编　毕业后回访母校

第一编

浙江大学医学院1946级

一 浙江大学医学院和浙江大学医院的创建

现在的浙江大学医学院是 1998 年浙江大学四校合并后，由浙江医科大学改名而成的。浙江医科大学的前身是由 1912 年中国人自己创办的浙江医学专门学校和 1945 年 8 月创设的国立浙江大学医学院合并（1952 年 2 月）而成的浙江医学院，1960 年 4 月改名为浙江医科大学。在近一个世纪的光阴荏苒中，几易校名，几易校址，多次沉浮，历经沧桑，发展至今。这里只介绍 1945 年国立浙江大学医学院和浙江大学医院创建的简要情况。

（一）创建与沿革

1945 年 8 月，抗战胜利。教育部决定在北京大学、浙江大学、山东大学和武汉大学分别增设医学院。

1946 年 4 月，教育部拨款 2 亿元旧法币（约合 10 万美元）作为浙江大学医学院开办经费。是年初，浙江大学总校从贵州迁回杭州后，医学院招收首批学生，共 20 余名。医学院院址在大学路浙江大学老校址内。

当时，浙江大学校长竺可桢邀请李宗恩组建浙江大学医学院筹备小组。筹备工作开始不久，李宗恩受聘为北京协和医学院院长并主持协和复校工作，推荐王季午主持浙江大学医学院的筹备工作。

浙江大学医学院在招生的同时，开始着手筹建附属医院。

1947 年 3 月，教育部正式批准设立国立浙江大学医学院，院长为王季午。

1947 年 11 月 1 日，在田家园建成国立浙江大学医学院附属医院（现在的浙江大学医学院附属第一医院），名为浙江大学医院，正式对外收治病人。门诊部设内科、外科、妇产科、小儿科、眼科、耳鼻喉科、皮肤科等七科。住院部分设头等、二等及三等病房，病床共 60 张。此外尚有药房、放射室、病案（门诊及住院病案并存）、手术室、营养室、图书馆。图书馆中各科的国内外主要杂志基本订齐。医学院教师与医院医师大都相互兼任。

前排右中为竺可桢及夫人，左中为王季午及夫人（1947 年 11 月 1 日）

1949 年 5 月 3 日，杭州解放。国立浙江大学医学院与附属医院由军管会文教组接管。

（二）教学概况

国立浙江大学医学院成立之初，学制 7 年包括预科 2 年、本科 5 年（前 2 年为医学基础课，后 3 年为医学临床课），国立浙江大学其他 6 个学院（文学院、理学院、工学院、农学院、师范学院、法学院）的学制均为 4 年。

从 1949 年第一学期起，学制改为 6 年，预科 2 年缩为 1 年，招生数由 20 余名增至 80 名。

国立浙江大学医学院采用学分制，学生至少修满 252 分，始得毕业。每个学生每学期所修课程除特殊情形外，不得少于 14 学分，也不得超过 27 学分。而文学院、理学院、农学院三院学生只需修满 132 学分，工学院、师范学院两院学生至少修满 142 学分，法学院学生至少修满 166 学分方可毕业。

为把国立浙江大学医学院办成国内一流医学院，学校把竺可桢校长倡导的“求是”精神和“协和”的严谨风范融为一体。学校在具体实施时，采取三大措施：

一是学生的培养，实行因材施教，严格要求高质量，实行淘汰制，宁缺毋滥。第一届新生入学时20余人，到毕业时仅剩13人。

二是扎实的自然科学、人文科学和临床基础知识。国立浙江大学有高水平的文、理学院，使得医预科生学习有得天独厚的条件，学生不仅有扎实的数学、物理、化学、生物等自然科学基础，而且有扎实的人文科学的基础知识。如生物系的实验胚胎学、高级细胞遗传学、实验进化学、原生动物学，都是在国内医学院校中最先设置的课程。

三是聘请名教授任教和指导。医预科2年聘请著名遗传学家谈家桢教授担任主任。著名生物学家贝时璋教授讲授比较解剖学，蔡堡教授讲授实验胚胎学。当时，国立浙江大学医学院的解剖、生理、胚胎学、生物化学、病理、微生物、寄生虫学、药理等学科的师资力量与教学质量，在国内堪称一流。

临床各学科也有全国著名的专家、教授，包括郁知非、张沅昌、夏镇夷、伍正谊、项全申等，其中多数都是北平协和医学院（今北京协和医学院）毕业的。当时，国立浙江大学医学院在国内享有较高的学术声望。

国立浙江大学医学院自1946年秋起至1952年全国院系调整时止，共招收6届学生。

二 1946级同学

国立浙江大学医学院开办时原定学制7年，其中预科2年、本科4年、临床实习1年；1949年改为6年制。按教学进度，1951年秋结业后的学生应进入第6年临床实习。但1951年上半年，浙江大学医学院接中央卫生部通知，为了迎接即将到来的全国医药教育发展和应对当时师资奇缺的现状，决定从全国若干所医学院校抽调应届结业生，即尚未进入临床实习的那一届学生，停止其1年临床实习，分配到全国若干所师资设备条件较好的医学院校某一专业，给以一年半左右的培训，以作为将来的师资。所选专业多为基础学科。浙江大学医学院1946级学生全部被列入抽调之列。1951年9月，1946级中的大多数同学，分赴长沙、上海、天津、北京、沈阳等城市的院校成为第一届高级师资进修员。少数同学因健康或其他原因，则留在杭州，另作分配。

1946年，浙江大学已从贵州迁回杭州，医学院开始招收第一届新生，新生入学考试的考场设在杭州、南京、武汉、重庆等地。据同学回忆，当时有400人左右报考，放榜时只录取了20余人。

从新生入学的1946年到1951年，医学院1946级同学的组成有很多变化。有的同学看到医学院是新办院系，不太满意，因而转入浙大其他院系，甚至转换到其他学校；有的从浙大其他院系转入医学院，有的从其他院校来浙大寄读（如徐仁宝1948年由沈阳医学院转入，先为寄读，以后转成正式生）。1949年的医学院三年级学生名单有22人，他们的学号、姓名分别如下：

32126 鲍亦钟　34167 徐润良　34419 戴知贤　34680 董帼芬

35028 严徵辉　35120 阮光烈　35536 陈宜张　35717 胡之同

35730 姜起立　35942 张慈爱　35935 来匡逮　35944 章燕程

35933 王纯香　35937 郁望耀　35938 徐英含　35940 冯镇沅

35941 黄辉遗　35948 柯士钫　35950 祝轶白

寄1 徐仁宝　寄11 陈菱珍　史鸿璋（学号不详）

学号前两位数是民国的年份，以359开头的是考入时就是医科的学生。

到1951年9月，1946级13位同学的进修科目及分布情况如下：

上海　阮光烈　上海第一医学院微生物学

上海　祝轶白　上海第一医学院生理学

上海　胡之同　上海第一医学院中山医院放射学科

上海　柯士钫　上海第一医学院寄生虫学

上海　陈宜张　上海军医大学生理学

长沙　章燕程　湘雅医学院组织胚胎学

天津　张慈爱　第一军医大学病理学

北京　王纯香　北京医学院微生物学

北京　徐仁宝　中国协和医学院病理学

北京 冯镇沅 中国协和医学院生理学

沈阳 姜起立 中国医科大学生理学

沈阳 郁望耀 中国医科大学生理学

南京 徐英含 南京大学医学院法医学

其余的严徵辉、来匡逮、鲍亦钟、史鸿璋4人未参加高级师资班分配。后来，严徵辉留杭州，史鸿璋去上海，鲍亦钟去南京，来匡逮去大连。

三 1946级同学集体照

1950年5月，即1946级结业前一年，他们在浙江大学慈湖旁拍了一张集体照，照片上有16人（照片1）。

参与拍照的人同1949年三年级名单有几处出入：（1）董帼芬、陈菱珍已转出或休学。（2）戴知贤、黄辉遗在新中国成立后立即投入接管杭州市或浙江省的工作，离开了浙江大学。（3）徐润良随同第二届（1947年入学）学生一起毕业。

除了浙大慈湖旁的照片以外，他们还在浙大图书馆前及医学院病理实验室前各拍了一张集体照，分别为16人和18人（照片2、照片3）；而1951年6月较正规的集体照为15人（照片4）。

照片 1　1950 年 5 月，浙江大学慈湖边

（左起）一排：陈宜张、鲍亦钟、张慈爱、徐英含、姜起立、阮光烈、史鸿璋
二排：郁望耀、来匡逮、王纯香、严徵辉、冯镇沅、祝轶白、章燕程、胡之同、柯士钫、徐仁宝

照片 2　1950 年 5 月，浙江大学图书馆前

（左起）一排：严徵辉、柯士钫、王纯香、徐仁宝
二排：陈宜张、张慈爱、阮光烈、章燕程、史鸿璋、胡之同、徐英含
三排：鲍亦钟、冯镇沅、来匡逮、郁望耀、祝轶白

照片3　1950年5月31日，全班同学摄于浙江大学医学院病理科前

（左起）一排：徐润良、阮光烈、徐英含、柯士钫、严徵辉、王纯香、徐仁宝、章燕程
二排：陈宜张、冯镇沅、史鸿璋、祝轶白、胡之同、姜起立、鲍亦钟、郁望耀、张慈爱、来匡逮

照片4　1951年6月，杭州，田家园

（左起）一排：徐仁宝、严徵辉、王纯香、柯士钫
二排：祝轶白、姜起立、章燕程、冯镇沅、鲍亦钟
三排：阮光烈、张慈爱、徐英含、胡之同、陈宜张、郁望耀

❹ 1946 级同学名录集（2003）

（一）浙江大学医学院 1946 级同学名录集（2003）的发起

________同学：

鲍（亦钟）兄提出我们班上同学搞一个通讯录，每人带有一张近期照片，得到大家的普遍赞同。我又和来匡逮兄通过电话进行了讨论。为了不致拖延进度，拟即按以下方式由我直接向各位收集材料，然后由我负责统一编定。要求每个人提供的材料是：

一、竖式照片，5 寸一种，一式 15 张。照片可以是单人近照，可以是少数人合照，可以有背景，如风景或建筑物。头像太大会出现脸上皱纹，太小则面部不够突出，均请留意挑选。

二、个人简单信息：①姓名；②出生年月；③拍照的时间和地点的说明；④家庭住址，邮编；⑤电话；⑥传真；⑦电子邮箱；⑧离退休单位及地址、电话；⑨个人小传（100 字以内）。

根据连环信中意见，我尽量去找郁望耀及祝轶白的照片及有关材料。另外，我拟发同样的信给阮光烈，如他愿意，把他的照片及简历也编在其中。

最前面将有一目录，拟按年龄（长者在先）为序，并附一张 1950 年我们在浙江图书馆和慈湖的全班穿白大衣合照（我有），如有意见，欢迎在来信中提出。

陈宜张

2002 年 4 月 8 日

各位老同学：

今天正在加工“浙江大学医学院 1946 级同学名录集”，明天大概可以给大家寄出。翻翻同学名录，特别是看看那张慈湖边的集体照，很是感慨，半个世纪过去了，我们均垂垂老矣！

我们班毕业后有连环信之创举，中间虽然中断，到 20 世纪 90 年代又恢复起来，现在差不多每隔半年就可以互通消息一次。这次“同学名录集”又是一个创举，归功于鲍兄等人的提议，看了十分高兴，见集如见人。“同学名录集”虽经反复校核，但不知能否做到无错。我希望大家收到后，不论有无发现错误，都给我来信，或表示收到，或表示何处有错，我可以在下轮连环信中补一个勘误表，特别是门牌、电话号码之类。

仁宝提议，我们两人中的一本送给王季午老师。

郁、祝两位家中，我拟仅寄通信地址，不寄照片，如何？乞示。

今年暑期特别热，上海今天最高 32 度，算是好了一些。祝夏秋之交安好。

弟陈宜张上

2003 年 9 月 1 日

（二）浙江大学医学院 1946 级级徽

（三）同学名录

鲍亦钟

性别：男

出生年月：1923 年 2 月 6 日

籍贯：浙江绍兴

照片说明：摄于成都居处阳台。

个人小传：

1952 年从浙江大学医学院毕业后，在第四军医大学随科普勒教授做神经精神科助教。1953 年科普勒教授回国，第四军医大学西迁，留南京铁道医学院外科。1961 年调成都铁路中心医院任外科主任、主任医师。1992 年退休。

戴知贤

性别：男

出生年月：1925 年 10 月

籍贯：浙江乐清

退休单位：中国人民大学

照片说明：1999 年 9 月，与孙女、外孙女摄于公安部幼儿园。

个人小传：

1945 年 10 月入浙大化工系，1946 年转入医学部。

1948 年 5 月入党。

1949 年 9 月至 1951 年 8 月，浙江省立杭州初级中学任政治教师。

1951 年 8 月至 1953 年 7 月，为中国人民大学中国革命史研究生，毕业后留校任教。

1972 年至 1978 年，北京师范学院中文系任教。

1978 年 8 月，回中国人民大学中共党史系，讲授中国现代化思想史，参与审编《中共党史人物传》。

严徵辉

性别：女

出生年月：1927 年 8 月 2 日

籍贯：浙江杭州

退休单位：浙江大学医学院

照片说明：2007 年 5 月，杭州之江饭店，参加浙江省老教授协会大会。

个人小传：

1945 年，抗战胜利，我从当时在龙泉的杭州树范中学回杭州继续高中学业，因为我是春季班学生，所以当时杭州举行中学生甄别考试，我趁机也去参加。我跳过高三上学期，应试高三下学期，并进入安定中学毕业班。

1946 年秋，高中毕业，我只报考了浙大，我所在的高三乙班仅我一人被浙江大学录取，并以高分获得奖学金。这是我生平的一件幸事、乐事。

1952 年，我于浙江医学院毕业后留校，在微生物学教研室任教至退休。

阮光烈

性别：男

出生年月：1925年12月

籍贯：浙江绍兴

退休单位：福建医学院

照片说明：2003年1月14日，为女儿东东庆祝34岁生日。

个人小传：

1952年8月毕业于浙江医学院医本科。1951年9月（于实习期内）中央卫生部调去上海医学院（1952年更名为“上海第一医学院”）师资班，习微生物学。1953年统一分配至福建医学院任教。后又因工作需要改习流行病学、核医学等专业。因家庭亲属关系去港定居，现在港安度晚年。身体健康状况尚可，患Ⅱ型糖尿病、高血压等，以药物控制。

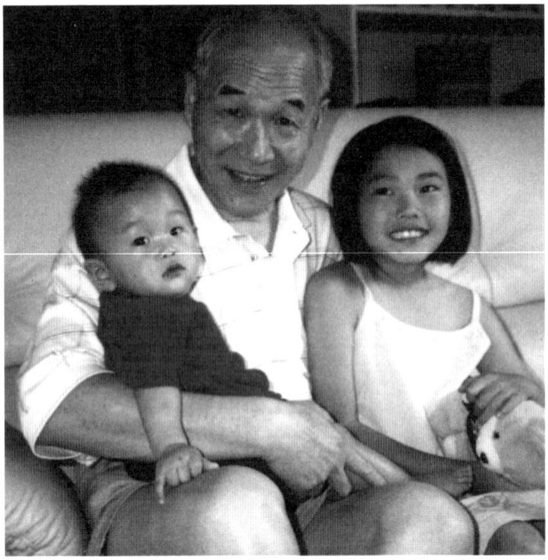

陈宜张

性别：男

出生年月：1927年9月

籍贯：浙江余姚（现慈溪）

照片说明：2002年7月，摄于儿子陈大庞的家中，时值外孙女胡艾凌来探亲，与外孙女及孙儿陈昱翰三人合影。

个人小传：

1946年考入浙江大学机械工程系，转系读医学院，1952年毕业。1951年起奉中央卫生部调派到上海军医大学（后称第二军医大学）生理科为高级师资进修员，后在该校生理教研室历任助教、讲师、副教授、教授、主任，1995年当选为中国科学院院士。1999年兼任浙江大学医学院院长。曾任中国生理学会副理事长、中国神经科学学会副理事长、《生理学报》副主编，2002年任《中国神经科学杂志》（常务）主编。

胡之同

性别：男

出生年月：1926 年 8 月

籍贯：浙江桐庐

退休单位：温州医学院附属第一医院

照片说明：1996 年 8 月，摄于温州医学院校园。

个人小传：

1952 年毕业于浙江大学医学院；曾参加上海第一医学院高师班放射科、天津医学院高师俄文速成班学习，曾工作于浙江医学院附属第一医院（下称“附属第一医院”）、浙江医学院附属第二医院（下称“附属第二医院”）；1959 年参加温州医学院筹建，曾任放射科主任；1990 年退休受温州医学院附属第一医院返聘至今。曾获温州地区科技成果奖，卫生部、浙江省科学大会科技奖（集体奖），20 世纪 90 年代至 21 世纪初曾 8 次被温州医学院评为优秀带教老师。

姜起立

性别：男

出生年月：1926 年 2 月 14 日

籍贯：浙江淳安

退休单位：温州医学院

照片说明：1999 年 10 月 1 日，浙江省人民政府为全省离休干部颁发建国五十周年纪念章，2000 年元旦摄于温州医学院。

个人小传：

1952 年 7 月浙江医学院毕业。相继任教于山东医学院、浙江医学院、温州医学院。先后任温州医学院生理学教授，教研室主任，院学术委员会、学位委员会、学报编委会委员；兼任浙江省生理科学会副理事长，温州市生理科学会理事长、荣誉理事长，温州市第五届科学技术协会委员。参编著作 1 部，译著 3 部，发表论文 40 余篇。曾获院优秀教师、先进工作者、优秀共产党员等荣誉称号。1990 年 7 月离休。

王纯香

性别：女

出生年月：1925 年 1 月

籍贯：浙江兰溪

退休单位：浙江大学医学院

照片说明：1997 年，摄于杭州植物园。

个人小传：

1951—1953 年高师班进修。1953 年 2 月在国际科学委员会主席李德全领导、严仁英博士指导下参加抗美援朝反细菌战，工作 10 个月。1953 年参加工作后，发表论文 26 篇、综述 16 篇（有 3 篇得奖）。1995 年被列入英国剑桥传记中心《世界医学名人录》（第 2 版）。

来匡逮

性别：男

出生年月：1928 年 8 月

籍贯：浙江杭州

退休单位：大连医科大学

照片说明：用 5 张在 2000 年至 2002 年间的照片拼凑后翻拍而成。主要是因找不出竖式的近照，请人拍了几张，也不太好，这才用了这一办法。

个人小传：

100 字以内的小传实在难写，为此搁笔多时。其实生平经历简单，没有做过什么大事。学生做了 20 年光景，包括抗战时期的艰苦生活。在大学教流行病学 30 多年，其中 15 年在贵州，也就是儿时举家躲避日军到过的地方。其他时间大致上在大连。现在退休将近 10 年。11 年前老妻去世。18 年前跌断右股骨颈，以后跛行。现在只能“苦中作乐”。“回首夕阳已含山”，奈何！

郁望耀

性别：男

出生年月：1923 年

籍贯：浙江鄞县（今浙江宁波鄞州区）

个人小传：

1952 年浙江大学医学院毕业，后在上海第二医学院生理教研组工作。1957 年调入上海中医学院生理教研组担任讲师及科研科长之职。1969 年 6 月 6 日，受“四人帮”迫害致死。1978 年，上海中医学院给予平反昭雪。

徐英含

性别：男

出生年月：1926 年 6 月

籍贯：浙江萧山

退休单位：浙江大学医学院

照片说明:2002 年在杭州太子湾公园。

个人小传：

小学与中学生活在抗战年代中度过，大学毕业后服从分配，到南京参加法医师资班学习（因为当时学法医并非自己志愿），结业后回学校从事教学、科研工作，从此一直没有离开过杭州，可谓是土生土长的“土包子”。

冯镇沅

性别：男

出生年月：1928 年 2 月 6 日

籍贯：浙江杭州

退休单位：大连医科大学

照片说明：2003 年五一劳动节于大连星海广场现代博物馆前。

个人小传：

1946 年 9 月至 1952 年 8 月，浙江大学医学院学习毕业。

1951 年 9 月至 1953 年 8 月，北京协和医学院生理高师班进修。

1953 年 9 月至 1990 年 10 月，大连医学院生理教研室工作，直至退休（1969 年 5 月至 1984 年 5 月曾随校内迁至遵义医学院，1984 年 8 月随大连医学院复校而迁回）。

职称：1952 年 9 月助教；1956 年 4 月讲师；1980 年 10 月副教授；1985 年 10 月教授。

张慈爱

性别：男

出生年月：1928 年 2 月 29 日

籍贯：浙江温州

照片说明：2003 年 5 月 4 日拍摄。这天正值我读大学的大外孙女和是年即将参加高考的二孙女回家度假，在我家客厅花架前。花架上有我 60 岁花甲时原工作医院赠送的生日礼物“双龙戏珠”镜框（因我属龙），故拍照时间和地点均有一定意义。

个人小传：

我出生于全国乃至世界的名城——温州，我的童年和学生时代是幸福的。大学毕业后，拜日籍病理学家田人教授（日名稗田宪太郎）为师，专攻病理解剖学；后在第六军医大学、第七军医大学（现第三军医大学）执教。不料因莫须有罪名被打入“冷宫”，致使我一生中本来属于黄金时代的青春，却毫无“黄金”；于是生活、工作和精神变得那么艰辛、苦涩、窘迫、坎坷和沮丧。所处境况实非笔墨所能描述。幸好雨后天晴，又任教大学，并兼学报主编，做些科研工作，还参加国际会议，并当上劳动模范。我现在生活充实，工作顺心，精神上虽谈不上“奕奕”，却也舒畅。但愿如此安度晚年，直至寿终。

章燕程

性别：男

出生年月：1926 年

籍贯：江苏常州

退休单位：天津医科大学

照片说明：2002 年 5 月 6 日摄于天津医科大学校园内，背景为教学楼。

个人小传：

1945 年毕业于常州溪南中学，1946 年 10 月入学浙江大学医学院，1953 年结业于高师班湘雅医学院，1953 年 7 月天津医学院组胚教研室任助教，1982 年任教研室主任，1986 年晋升为教授，承担五年制和七年制教学任务，先后培养硕士生 10 名，1996 年 6 月退休。主要著作有《地方克汀病的遗传问题》(1965 年)、《甲状腺的分化与脑的发育》(1979 年)、《内科讲座》(1982 年)、《妇科内分泌》(1983 年)、《代谢性骨病》(1989 年)、《组织学与胚胎学》(1989 年)、《组织学》(1981 年第 1 版，1993 年第 2 版)；发表论文 30 余篇。

柯士钫

性别：女

出生年月：1928 年 8 月

籍贯：浙江嘉善

退休单位：浙江省医学科学院寄生虫病研究所（杭州市天目山路 60 号）

照片说明：2002 年 3 月摄于北京长城，我是一步步走上去的，有点累，当时见爬长城的大都是青壮年，老人极少，至八达岭最高处时高兴之至，摄影留念。

个人小传：

中共党员，1951 年结业于浙江大学医学院，在南京华东分院和上海第一医学院通过一年的寄生虫学全国高师培训班学习毕业，分配至南通医学院寄生虫教研室任助教。1957 年升讲师；是年秋，调至浙江卫生实验院（现名浙江省医学科学院）寄生虫病研究所工作。1983 年晋升为副研究员，1989 年为研究员，在人体感染率最高的肠道线虫等研究方面获得一定成果，在全国性或省级刊物公开发表的论文有 40 篇左右，曾获浙江省科技成果奖三等奖 2 项及浙江省科技进步奖四等奖 1 项，为钩虫和蛲虫的防治提供了有力的措施。参编的书籍有《内科理论与实践（第二卷）》《寄生虫病化学治疗》《中国人体寄生虫病文献提要》和《浙江省血吸虫病防治史》等。

祝轶白

性别：男

出生年月：1923年11月

籍贯：浙江江山

个人小传：

1940年毕业于浙江巨州中学，在家乡小学任教六年，1952年毕业于浙江大学医学院，经高级师资进修班学习后，在上海第一医学院任教，1957年调往上海铁道医学院生理教研室任教，“文革”期间工作待分配（原医学院搬往宁夏），1978年调往上海铁路卫生学校，1981年退休，1987年12月去世。

徐仁宝

性别：女

出生年月：1928年11月

籍贯：浙江吴兴人（出生地为辽宁沈阳）

退休单位：上海市第二军医大学

照片说明：2002年11月，患病出院后一个多月，步行登上杭州北高峰山顶，高兴之余，摄影留念。

个人小传：

1945年1月，考进“满洲医科大学”（今沈阳医学院）。1948年9月，转学到国立浙江大学医学院，毕业后在协和高级师资进修班学习。1953年，分配到第七军医大学，一直在第七、第二军医大学从事病理学、病理生理学的教学和科研工作。1999年退休，退休前为教授、博士生导师。

第二编

浙大回忆

我们大家都写回忆录

今年是我们浙江大学医学院首届毕业生离校60周年。当年我们都是20多岁的小伙子、小姑娘，现在却都已是80多岁的老头子、老太婆了。在这60年中，国家的变化、学校的变化和我们个人的变化真是太多太大了。在众多变化之中，母校教我、育我始终未变。如果说，我们今天有些微小的成就，也是母校教我、育我的结果。为此，我们首届毕业生有一个共同的愿望，在今年聚首杭州，大家一起来回忆昔日的学习和生活，畅谈离校后的种种感受，参观母校近年的发展，借此来纪念这个60周年。胡之同同学还建议，我们每人把回忆的内容写成一篇回忆录，编印成册，永久保存下来。现在我们把收集到的回忆录，按当年我们在校的学号次序编排如后。

徐英舍、陈宜张

2011年10月

一、尘封的记忆

鲍亦钟（32126）

回想 60 年前在浙江大学医学院上学时的往事，历历在目。记得我们老院长王季午教授和外科主任刘震华教授，常跟我们谈起在北京协和医院（PUMC）的工作情况。好像王老当年是内科住院总医师（Chief Resident），执行的是 24 小时负责制，每周只有半天休息（PM off），而每晚必有晚巡视（Evening Round）。各科主任虽不一定亲临，但常打电话来查，当时常说住院医生太苦。而等我自己真正担起科室的任务时，才发现这是进一步了解病情的机会，也是与病人改善医患关系的最好时机，因此我在从事临床工作的几十年中，与患者及其家属关系一直很好，可以说是“百家娘舅”，同时也因此发现了不少疑难病症，如反复四次手术而未能治愈的“胰源性溃疡病”（ZE 氏综合征）和很像胆囊炎的紫质症，而后都得到确认与治疗。

我们上临床课是在一间 20 平方米左右的教室里，病房里有典型病例就带我们去看，不管课讲到哪里。老师常说：“教科书里的内容无法全部讲完的，老师只能领一下，带个头。所谓：师父带进门，修行在自身。”

上面这些对我一生的工作和学习，帮了大忙，当然也苦了我一辈子，整天泡在病房，每晚都要 11 时左右才回家。

多余的话：

我常想起在贵州湄潭物理系二年级学习时的情景，早晨去文庙上课时，总会看到竺校长在高高 20 余级的台阶上看书，学生来了，他才离去。还有王淦昌老师，整整两节主课，一言不发，就在黑板上又画又写的，下课了，同学都走光了，他还在写。还有苏步青老师讲课，教室内外（窗外、门外）挤满了各科的教授、讲师来旁听，……这或许就是真正的“求是”精神吧！也可能就是在那时获得“东方剑桥”美誉的求是精神吧！！

二、我与浙大

严徵辉（35028）

我于1946年考入浙江大学，1952年毕业于浙江医学院。毕业后留校，在微生物学教研室任教。

我父亲是一位既明智又固执的人。他认为子女们都应受大学教育，但又不放心我们外出求学，必须在杭州读书，所以我高中毕业后只有考浙江大学一条路了。当时高校是单独招生的，虽见同学们全国各地奔走报考，我却没有对父亲顽固的决定有丝毫不快，更谈不上反对，实际上父亲对子女是愚爱，我对父亲是愚孝。

幸运之神总算没有亏待我这个思想单纯的人。安定中学（现杭州第七中学）高三甲班只被浙大录取了一位陈甘棠（浙大化工系教授），乙班只被浙大录取了一个我——严徵辉。陈甘棠是男生，我们又分别在甲、乙班，所以平时并无来往交谈，可出榜那天他骑了自行车赶到我家向我报信，当时他和我的心情是多么兴奋和愉快，我很感谢他。特别是我，因为我只报了一个浙江大学。

进校后我得了奖学金。我读的是外语系，记得教我们圣经课的是系主任佘坤珊先生，他那从无笑容、铁青的面容，我现在想起来还后怕。他上课讲的是标准的英语，声调又低沉，我记得最清楚的是The God Said，The God Said...那时的中学尚无听力训练，我狠下功夫读满了一年，觉得自己并不适宜读外国文学，想转系。

第二年，经加考我转入医学院二年级。除外语系所读的有些学分能计算外，尚须补读微积分和分析化学，这两门一年级的课程开设在华家池校区。我除掉读医学院二年级的课外，就奔波（有校车）于华家池和大学路之间。这一年我很辛苦地完成了医二的课程，又补完了医一的课，三年级就正常地进行医学院课程的学习了。

医学院是在抗战结束浙江大学回迁杭州后，于1946年才创办的一个新学院，院长是王季午先生，我们是第一届学生，因此仪器、设备、实验材料均不足，师资也不全，许多任课老师都是从上海请来的兼课教师，如放射学的张发初老师，泌尿科的王历耕老师，神经精神科的张沅昌、夏镇夷老师，药理学的朱恒璧老师，等等。

王先生在组建附属医院时亦缺乏资金，困难重重。我记得当时有来自美国的援华物资，我们每个学生（当时我们一个年级20人左右）亦分到一顶单人方帐和一条很大的长裤，对我们经济不富裕的学生来讲，心中是很开心的。

在6年的浙大学习生活中，我是愉快和满足的，有几件事使我终生难忘。

（一）解剖课，需要人骨标本，学习时每人需有副完整的标本，但学校没有完整的供给，于是就发动学生到松木场荒地去挖掘（松木场当时是枪决罪犯的地方）。我幸亏有一位在外地读医的高班同学，他给了我一袋白骨供我使用。我们经常把头颅带回寝室去复习，其他系的同学都很惊讶，可是我们一点也不怕。

（二）病解课，第一次观看尸体解剖，我记得是一位患伤寒刚去世的女性的尸体，我们站在阶梯上看老师操作并讲解，能嗅到阵阵血腥气，那天我真的吃不下饭。

（三）在某门课考试时，老师发下考卷，在黑板上写了大大的一个英语单词honest，就走出教室去了。我们都在埋头苦干，从来没有想过什么作弊，充分表现了在求是园中的学习素质。

（四）我们的有机化学陈老师，他人很好，但由于讲的是方言，所以我对有机化学学得不是很有兴趣。

（五）我们的一年级物理曹老师，她口齿清楚、条理清晰，所以一年级物理我学得不错。但二年级物理的周老师，又是北方方言，眼睛向天看，不看学生，我学得就差劲一点。

浙大的学习生涯对我帮助很大，影响我的一生，所以我以后数十年的教学工作中，是很用心的，对讲课我很有兴趣，也肯钻研教学法。学校教研组一词，现在许多人都理解为教学科研组，实质上是当年学习苏联把××科改为××教研组，指的是教学法指导研究小组，可见教学不仅要有扎实的内容，还要注意教学法的研究。

（六）于子三烈士被国民党杀害后，学校组织了声势浩大的声讨游行大会，我们排队在老浙大阳明馆前的操场上，举着横幅“还我人来”，大家手执小纸旗，愤怒声讨国民党杀戮无辜爱国学生的罪行。当刚要上街游行时，国民党特务冲进校门，大打出手，我们女生只能退回附近宿舍，但有一位刘姓女同学被打断了肋骨，广场上满地狼藉，我们感到极端愤怒。

（七）在杭州解放前夕，为了护校和保护师生安全，我们女生集中到电机系的大礼堂内住宿，高度警惕，以防敌人垂死挣扎可能进行的破坏活动。我们在那临时宿舍内握拳以待，整夜未眠。

1952 年，我从读了 6 年的浙江医学院毕业，我们这一届均通过了高级师资进修班，成为医学基础课的教师。当时我们这批学生（总共不到 20 人）都想做穿着白大褂、挂着听诊器的临床医师，战斗在治病救人的第一线，但我们都服从了分配。高级师资进修结束后，我留在浙江医科大学微生物学教研组。

1952 年我结婚了，我先生马大强是浙江大学电机系的教师，我在浙江医科大学工作，又做浙大的家属。1998 年四校合并后，我成了一个地道的浙大人，我和浙大永远分不开了。

严徽辉长子马衡注：

徐叔叔和各位叔叔阿姨：我娘娘严徽辉的一生与浙大息息相关，她生活在浙大建德村、求是村，学习工作在浙江大学、浙江医科大学。今年是她的本命年，5 月 10 日是她离开 3 周年的日子。娘娘是个非常普通的大学老师，平凡而纯粹，简朴而清贫。她在学校热心教学，贡献社会；她在家勤俭劳碌，支撑着我们的家。3 年前，娘娘因病离开时非常平静，她嘱我不要惊动别人，不要麻烦学校，不要出讣告，不要开告别会。我在整理她的遗物时，发现她写在一叠废考卷背面的这篇《我与浙大》手稿，时间大约是 2000 年，所述的都是她学生时代的事情，现在一字不漏地打出来，表示我对母亲深深的怀念。

马 衡

2011 年 5 月 10 日

三、忆浙大同窗时趣事一则

阮光烈（35120）

约 1947 年（或 1948 年），我们浙江大学医学院第一届的级友仅 10 余人（1946 年入学），其中 8 人住浙大信斋学生宿舍 [章燕程、徐英含、张慈爱、陈宜张（刮子兄）、胡之同、姜起立、来匡逮、阮光烈]。白天均为繁忙的上课及实验，晚上是极为宝贵的自修时间。徐英含、章燕程、张慈爱、姜起立等习惯去图书馆温习，晚 9 时左右返宿舍。刮子兄（陈宜张）每天晚饭后也会去图书馆遛一下，时间不太长，据他自述是翻翻新到的外语期刊等；返回后，就躺在床上将当日的各科笔记出声念一遍，有时也看一下英语教科书，最多一个多小时，然后就大念唐诗，吵得寝室中“鸡犬不宁”。因为这时正是我们自修极为宝贵的时间，我们温课的时间要比他慢许多，心知刮子是有一些故意吵闹的意图，先是来硬的一套叫他不要再“酸”了（指念唐诗），并不奏效；也只有讲好话求他了，多半有效果，他安静下来，便蒙头呼呼大睡了（晚 9 时左右），每晚的过程大致如此。现在回想起来，实为浙江大学医学院同窗时的趣事！

四、回忆浙江大学（1946—1951）

陈宜张（35536）

（一）来到浙江大学

1946年是浙江大学从贵州迁回杭州后的第一年，由于杭州的校舍刚从日本人占领下收回，也可能是因为教职员工从贵州回杭时间拉得很长，更因为还有许多仪器设备正在运输途中，所以名义上的秋季开学，实际上拖到了12月。

浙大的1946年秋季新生报到日期是12月16日，我是从上海与邵淇泉、吴季兰一起乘火车去杭州的。回想起1946年的沪杭铁路火车，真是又拥挤又慢，有时连厕所也挤进了旅客。回想过去，再看看现在的沪杭高铁，只要45分钟，真是天渊之别，恍如隔世。12月16日那一天，我们先去浙大教职员宿舍找了楼仁泰先生，他是数学系讲师，我三叔的同学，楼先生帮助安排了我们3人的住宿，接着我们便去办新生报到手续。

新生入学后，被安排住在工学院内大礼堂，那是一个巨大的厅堂，用不高的木板隔成若干（7—8间）小室，隔板并不达到屋顶，上面实际上是全部贯通的。新生住宿有两种情况，一种是像我们3人（邵淇泉、吴季兰和我），在浙大没有高班同学的熟人，那就一年级学生住在一起，由学校指定；另一种是有老乡在高年级读书，而他的寝室中尚有空铺，那你也可以与老乡、老同学住到一块儿。

记得入住后不久的一个雨天，有一位教授来查看，他自己称“我是教务长张绍忠”。我从以前三叔保存的浙大材料中知道张先生是一位物理学家。张先生亲自查看新生住宿，也可以看出当时浙大工作相当深入。

新生入学后，还要经过甄别考试，这是为了防止入学考试有不合格的学生混在里面。我记忆中的1946年冬天是寒冷的，记得非常清楚，12月16日那一天正下鹅毛大雪；之后的甄别考试是在健身房举行的。考试那一天，我瓶中的蓝墨水结冰，可以算气候严寒的一个证明。

进了浙大，急于想知道的，便是能否拿到公费。经过打听才知道，给你全公费或半公费主要取决于入学考试的成绩。入学后我得了全公费，后来打听到，我入学考试的语文成绩很好，有 70 分（一般 40 分即可录取），因此总成绩不差，而我的数学、物理得分并不算高。当时全公费的标准大概是够一个月的伙食费用。

大学一年级新生的生活，一切都是新的。上课不新鲜，但逃课就是一件新鲜事。我在中学也听说过，大学里新鲜的是如果不爱听，学生可以逃课。浙大有规定，教员因病请假，注册课会通知，学生可以不上课；如果注册课无通知，学生应在教室等候 10 分钟，10 分钟后教员不来，就可以解散，回宿舍。记得有一次，普通化学教授丁绪贤先生上课迟到了，快到 10 分钟时学生纷纷散去，丁教授老远看到，就喊："同学，同学，我来了！"但同学们假装没有听到，撒腿快跑，这就是逃课。记得当时有的课程，同学们都不喜欢，经常逃课，于是注册课就想出办法，上课时教授要点名。但点名也有漏洞，学生可以请人代应一声；于是又想出另一种办法，把学生每人的号码排在固定的座椅上，上课到中间，注册课派人在教室窗外查看，哪个椅子上缺人，就算缺课。

一年级的功课我听得很满意，认为与高中时读书方法大有不同。机械画和投影几何都要画图，我手笨，经常把鸭嘴笔的墨水溅污画纸，结果都只得 60 多分。我粗心，数学和物理考试，运算思路不错，但具体运算常出差错，结果是写了一大片，又"哗哗"地划掉，坐在我边上的高承煜考完回宿舍常常笑我："你那么性急做什么？"

在浙大我受到了学生运动的洗礼。抗战刚胜利时，我在余姚中学听到周绍基先生讲国民党统治区的腐败。1946 年 12 月来到浙江大学之后，就看到了当时的现实情况，主要反映在学生运动的潮流上。到学校时，正好是 1945 年昆明闻一多的血案之后，浙大学生在墙报上揭露国民党的反动罪恶；1946 年，北京的美国兵强奸北大女学生沈崇案，浙大也掀起了罢课、抗议的活动；1947 年又有浙大学生于子三被杀。学潮一个接着一个，我受到了深深的震撼。浙大民主自由的风气非常浓厚。在罢课运动中，我不算很积极，虽很赞成学生运动，反对国民党的反动统治，但参加活动并不积极，基本上属于逍遥派的角色。以后，经历了抗美援朝，我的思想就慢慢进步起来。1951 年我加入了中国共产主义青年团。

杭州刚解放时，我的表现是要求进步。我上街宣传银圆政策，人民政府打击投机，我积极拥护。跟新中国成立前我在杭州街头所见的人们一拿到现钞就去换袁大头相比，真是天地之别。

在浙江大学学习的第一年，因为开学晚，所以我们学生没有放寒假或放得很短，几乎是两个学期连在一起过。我在大礼堂宿舍度过了寒冷的冬天，直到 1947 年炎热的夏季，暑期稍晚的时候，我才回到老家。

（二）申请转系读医

一年级大学新生叫 freshman，二年级学生叫 sophomore。1947 年秋天，我已是 sophomore 了。

我考入浙江大学时，志愿是工学院的机械系，读了一年后，我父亲从广州多次给我写信，一定要我转到医学院，他说，学工出来后就是一个公务员，物价飞涨，你有什么办法？当时浙江大学的教授、讲师们很清苦，如数学系的楼仁泰讲师，当时他和太太有两个小孩，我看到他们的经济的确很紧张。我父亲说，你如读医，你还可以自己开业。我父亲提这个问题，也是因为我祖父因霍乱没有输液而死去的惨痛教训。我尊重了父亲的意见。1947 年暑假回家后，我给竺可桢校长写信，要求转读医学院，得到竺先生的复函，说转学申请期限已过，但可以持校长函找注册课，二年级先修医学院的课程。

1947 年秋天回到浙大时，我心中不免有点惴惴不安，不知道转读医学院能否成功，我有点患得患失，一方面父命难违，父亲叫我转读医，我不得不服从；另一方面，我机械系一年级也读得不错。浙大的公费制度，是按新生入学成绩确定的，大约 30% 是全公费，30% 是半公费，其余是自费，我新生入学的考试成绩尚称可以，得了一年全公费，不知二年级还能否拿全公费，因为二年级的公费要根据一年级成绩来定。

1947 年秋天来浙大时，住宿地方也变了，由大礼堂搬到西斋二楼。住宿地方的选择，要先去看那一个房号是否已经空了，空了才可以住进去，还往往通过高班的同乡同学了解情况。我们是怎么找到西斋二楼楼上的，因年代太久，已记不起来了，但知道一室共住 7 人：我、高承煜、华重达（3 人为机械系），邵淇泉、赵一道、沈同学（3 人为电机系），吴季兰（化学系）。邵淇泉、吴季兰和我 3 人都是同乡，我与邵淇泉又是同学，吴季兰是邵淇泉的表弟。1946 年我在上海考大学时，有一个晚上就住在吴季兰白克路候在里家中。

我怀着既期待又不安的心情去到浙大注册课，记得主任是一位姓赵（赵风梧？）的先生，他接待了我。使我安心的是，看了竺校长给我的复信，他同意我先在二年级选读医学院的课。

浙大实行选课制。一年级入学后似乎没有选课这一步骤，二年级开始，按照所读系的专业要求选课，只要时间上不冲突即可选，但不能超过学分数（可能是 20）。浙大学分计算的方式，一学期中一周上 1 小时课的为 1 学分，一周做一个下午实验（3 小时）的为 1 学分。

二年级要选课，选课一般由各系系主任负责。到选课那一天，系主任就按公布的地点坐堂，等待学生填好选课表送他审阅，并获得他的签字。医学院的情况，二年级的选课由医预科主任、生物系的谈家桢先生负责。三年级以后的选课由王季午院长负责。到了日期，我就去找谈先生为我选的学分课程签字，谈先生肯定跟我谈了一些，但内容记不起来了。我深知转读医学院，我一定要受一点损失，机械系的机械画、投影几何、金工等学分肯定要浪费掉，因为医学院不需要这些学分；机械系读的国文、英语、微积分、普通物理、普通化学，这 5 门课共有 15 个学分，都有用，这使我不至于太吃亏。最困难的是生物学，我没有学，当然也没有成绩与学分。不仅如此，医学院要求二年级读许多与生物学有关的课，如遗传学、比较解剖学，我必须把连生物学在内的三门课选上，才能赶上医学院二年级其他同学的进度。医学院二年级还有一门课叫二年物理，这是物理系专为医学院开的。害怕学分不够，我还自选了一年德文、伦理学、经济学等课程，这些课并非医学院二年级所需，我多选一些，是为了将来万一选修课的学分不够，我可以用这些学分“抵挡”。

我所接触到浙大的学分、选课制度，有如下一些特点。

一是学期内总学分数。按浙大规定，每个学生毕业，四年内要完成一百多个学分，每学期最多不能超过一定的学分数，在工学院一年级，一般都是 16—18 个学分。高年级必须完成的学分数少，学生可以有更多自由支配的时间。

二是先修与后继课。例如一年级的普通化学是先修课，如果普通化学不及格，二年级就不能选分析化学、有机化学等课。所以，对于化学系的学生来说，如果普通化学不及格，二年级必须补普通化学，一切后续的化学课程都不能选，实际上非要多学一年不可，也就是“留级”。

三是开设同一内容的多门公共课，如普通物理学可以有（1）（2）……（9），甚至超过（10）。外语课更是如此。一般注明第几号课对象是某系，但有些可以互通，例如针对工学院的普通物理学，可以是（2）或（8），不论是电机、机械、土木、化工、航空工程系的学生，如果与其他课程有冲突，可以挑选。我在选普通生物学课时，为了不和二年级的其他课程时间上发生冲突，就听了为农学院开的普通生物学，讲课老师是王曰玮先生；又如遗传学的课，我本来想选谈家桢先生的，但因为时间冲突，因此就选了徐道觉先生的，那时他是讲师，带实验的是刘祖洞先生。

四是有选修课。如我二年级、三年级时选修了德文、伦理学、经济学等，这样可以发挥学生的专长与兴趣；在毕业计算总学分时，也包括了少量选修课的学分在内。

回忆这一阶段的学习，体会到当时的学分制确有很多优点：有总学分限制，每学期学分又有上限，不允许你修得过多；有先修后继课关系，保证学习的基础是牢靠的；有按过去学习成绩优劣，决定可选学分多少，保证不会超过学生的负荷；有选修课，能适应与满足每个学生的兴趣与发展特点。

我在转院的那一学期，谈先生批准我，可修比其他医学院二年级同学多3个学分的普通生物学。记得那学期的总学分数可能达到20个，算是很多的了，学习也的确很忙。系主任能否同意你选那么多课，主要根据你上一年的成绩及先修课情况。总算顺利，谈先生在我选课单上签了字，我可以读很多课程了，但接着也带来许多有趣的事，挑现在记忆最深的记下一些。

一是晚上上实验课。一星期只有6个下午可以做实验，我选的实验课太多，包括二年级物理、有机化学、分析化学、生物学、比较解剖学，我可以有7个下午做实验，这真是要感谢生物系，系里专门为我安排一位助教，在星期天晚上开普通生物学实验课，带教老师是当时的助教周本湘先生。每到星期天晚上，生物系实验室的一个房间里，静悄悄就我们2个人。他简单给我讲讲，我就自己看标本，看显微镜，然后用铅笔一点一点地画图，周先生那时可能是刚担任助教，很年轻，他也经常与我谈谈天南地北。这种师生感情是很特殊而深刻的。

二是贝时璋先生有几次可能注意到我。我明显地感到贝先生在两个场合可能注意到我这个特殊学生。一次是在比较解剖学考试场，贝先生监考，我去交卷，上面写着“机械工程系，陈宜张”，我因为转系手续尚未办就，当然只好写机械工程系。只见贝先生拿着我的考卷，瞪了我好几眼，大概是觉得这样选课的学生少见吧！另一次是在生物系楼上听贝先生讲课，贝先生讲得非常聚精会神，边讲边在黑板上画动物体形的图、血管和神经的分布。上午第四节课已近12点，我们饥肠辘辘，听到楼外打铃声，吃饭的条件反射来了，我与同学递脸色，做鬼脸，意思是快下课，让我们去吃中饭吧。想不到贝先生偶然回过身时，正看到我的不雅鬼脸，只听得贝先生喃喃自语了一下，似乎是讲“时间到了”。很快贝先生宣布下课，我自己感到很难为情，不知贝先生是否注意到我这个调皮学生？

三是早上7—8点听课。二年级时有一门课，因为不同系选课的人多，老师与注册课商定，定在早上7—8点。我的一年德文和有机化学就是这样听课的。

四是“你们学生每听一次课送给我一根油条”。有机化学老师是一位姓张的讲师，他课讲得很好，人很和气，不苟言笑。有一次我去课堂早一点，他已经来课堂，师生随便聊了起来。谈到他的待遇很差，他说：“你们听我一次课，每次给我一根油条，待遇比我现在的薪水还要高。”当时国民党腐败，公教人员教师待遇菲薄，前面讲到的楼仁泰先生，那时他已有两个小孩，楼师母非常节俭，我们也是看在眼里的。当时张老师讲过，我也未很好计算，按现在2011年物价看，一根油条（上海0.8元，杭州1元），我们听课约20人，那就意味着一堂课的薪水是16元，至多20元，如果一位教师每周上课20次（40小时），每月80次，薪水应为1600元。

有一点感想，人的精神有时会与物质相分离。1947年前后，教员的物质生活可谓匮乏之极，有如有机化学张老师者，大有人在，但我们学生很少听到老师不负责任，马虎从事者，间或有之，但一定非常稀少，我从未遇到过。回头看看眼前，物质待遇已大大超过以前，但教师不认真工作，时有所闻（当然不是十分多）。

五是不好好听课。经济学和伦理学两门课，没有好好听。经济学老师是严仁赓教授，当时听课还有一点兴趣，现在剩下的东西已不多，晓得有一个英文单词，叫 Marginal Utility（边际效用）；伦理学老师的名字记不得了。

六是记的东西太多，讲理的东西太少。二年级的功课其实主要转到生物和化学为主的范围，与一年级时微积分的推导证明、物理学的解题分析相去甚远，心理上经常有瞧不起这两门学科的意识，认为不够科学。

（三）基础医学训练

到了三年级以后，我的转系申请已被批准，同时开始了真正意义上的医学课程学习，解剖学、生理学学习就是在这一年开始的。

有些课要背，有些课很有兴趣。到了学习人体解剖学，更感到道理不多，背功难免，那么多骨骼及部位的名称，虽有一些规律，但确实是要背。记得姜同喻先生带我们的解剖示教，只见他手持镊子和刀，边熟练解剖，边讲肌肉的起止点、血管神经的走向，真可称滚瓜烂熟，同学们无不佩服，当然也就刻苦认真地做解剖尸体实验。

生理学最有趣。生理学也要背，但有些道理，更能引人入胜的是实验课，我永远不会忘记的一幕是，我们在实验室做蛙心实验，实验完后回宿舍，我用玻璃平皿带回一个还在体外跳动着的蛙心，引起了西斋二楼邻近几个房间同学的小小围观，本室的同学当然更是激动无比。这种实验引起了我对生命问题的好奇心，这其实也是人类求索未知、追求真理的起点，从此引起我对生命现象的兴趣。也许浙江大学医学院毕业后，我把专业指向生理，与此新奇一刻不无关系。

课外也学习。一年级时我们学习主要是围绕课堂上的教学，多是一些公共必修课，二年级时的学习较多地受理学院，特别是生物系的学习氛围的影响。到了三年级，属于医学院特点的学习气氛也有一些展示，例如子弹库医学院的实验室有一间小小图书室，我晚上有空也去看看，那时见不到完整的订阅专业期刊，只有一些零散的期刊和专著，我也就翻翻看看。我对遗传学有兴趣，所以当时虽不甚了了，但也一知半解地知道一些遗传学者的名字，如缪勒、多勃赞斯基等，也知道遗传研究可以用细菌、草履虫来做。当我读到四年级（1950年）时，比我高班的药学系陈志康已经毕业，留在药理学系任助教，我与他是宁波老乡，有一点熟，晚上到他在子弹库的实验室看看，只见他在一个手术灯下做兔采血实验，谈起来，才知道他在俞德章先生指导下，做钴离子对造血影响的工作。这些都是课外所见所闻，却也慢慢地在我的头脑中有了什么是科研、怎样做科研的朦朦胧胧的想法。

（四）学习临床课

浙江大学医学院刚成立时的设计是2年医预科、2年基础医学、2年临床课程、1年实习，共7年。1949年新中国成立，1950年把学制改为6年，1年实习不变，在进入实习前增加了3个月的见习阶段。

一是理论联系实际。1950年上半年，我们的临床课陆续开始，最先开的课就是内科、外科、实验诊断、物理诊断。教室就在田家园浙大医院办公楼二楼，王季午先生的院长办公室在一楼。教室不大，我们全班才20个人，两排椅子，前面一张教师讲台，一块黑板。每天早餐后，同学们挎着书包，从大学路校本部来到田家园医院上课，教师学生面对面，因人少，大家很快就熟悉了。学生人数少，教室又在医院里面，有一个极大的优点，老师可以安排在课间或课后去病房看病人，这样理论联系实际，效果很好。

二是教学查房。授课老师根据课程进度，挑选几个病人，花较长一点时间，结合病例讨论课程内容，这是临床课的重要特点。一般先由主管的住院医生报告病例，老师结合病人情况进行讲解，也可以向同学提问，让同学作答；老师的讲解既可以有书本上的，也可以有他本人经验中的，所以普遍受到同学们欢迎。我们最欢迎王季午先生的教学查房，他把病人的表现和这种病的病理变化联系起来，与浙江当地的环境与发病关系联系起来，当然更多是他本人的治病经验。当时内科学的年轻教师也很优秀，除楼福庆先生已稍年长外，其余有赵易、李志彬、张鸿典先生等。张先生讲课非常精彩，这样一位好教师，后来在“文革”中竟自杀身亡，我也真百思不得其解！2001年我兼任浙江大学医学院院长期间，曾专门去拜访张老师的夫人，妇产科专家燕淑照老师，师生相见，提及往事，为之泫然！

三是延请名师授课。王季午先生总是千方百计延请最好的老师为我们授课。除了前面讲过的基础医学课的许多老师外，王先生对临床课教师也坚持这一原则，并做出了极大努力。因为请来的是兼课教师，他们在原单位有工作，只能集中一段时间来杭州为我们授课。上临床课的时候，王季午先生延请了神经病学的张沅昌、精神病学的夏镇夷和伍正谊、妇产科学的李瑞琳、泌尿外科学的王历耕等。

（五）师恩难忘，受益终身

浙大的老师水平都是高的。学生时代，尤其是大学生，无不对老师的专业水平寄予很高期望，在我未进浙大前，就已知道苏步青、陈建功、贝时璋、谈家桢等的大名，这是当年投考浙江大学时，脑海中所崇拜的人物，也是促使我投考浙大的重要原因之一。进入浙大后，感觉浙大的老师真好！

一年级的微积分老师是周茂清讲师，讲得清晰，一点不拖泥带水；普通物理老师是朱正元教授，讲物理概念非常清楚，特别是量纲，有一次讲课时，正好听到汽车驶过，小马路旁一堵墙轰然倒下。朱教授分析，由于车速快，车后形成部分真空，墙应向马路一侧倾倒。下课后去打听情况，果然如此。普通化学老师是丁绪贤教授，他讲课不怎么生动，但学问很深，他在英国留过学，师从拉姆齐。贝时璋先生是生物系系主任，但他亲自为我们讲比较解剖学。在阳明馆三楼上课时，他在黑板上一边用颜色笔画图，一边讲比较解剖，图画得好，讲得又清楚，同学们非常满意。

给我们上遗传课的徐道觉先生，他瘦瘦的，讲得非常清楚，深深地感染了我。徐道觉先生后来是检测白细胞染色体的发明者，在国际遗传学界有很高的地位。到医学院后，听听课，打听打听一些老师的专业造诣，觉得浙江大学医学院的老师都很有水平，王季午老师虽然还没有上课，但我们已经知道他对热带病学的高深造诣；寄生虫学的龚建章先生刚从英国留学回来，正年轻有为，英姿焕发。正式上基础医学课程，能听到如王仲侨先生的解剖学、李茂之先生的生理学、孙宗彭先生的生物化学、俞德章先生的药理学、江希明先生的组织学、张汇泉先生的胚胎学等授课，感到很受教益。

其实不仅是他们讲课的精深传授，还有他们那种身体力行、实事求是、追求真理、严格要求的风格，深深地印在我们的脑中。时至今日，我已行年八十有四，但俞德章先生为我们在实验室做哺乳动物离体灌流示教实验的场景，仍历历在目，感到津津有味！那悬挂在玻璃套管下的心脏有力地搏动，加入待测试的药物后，又突然改变其跳动的力量及频率，这称为鲁登道夫式灌流，那可是比我们学生动手做的蛙心灌注又高出一筹！回想起子弹库内寄生虫学小小实验室，台子上摆了十几台显微镜，我们学生在门外守候，鱼贯而入，每台显微镜上摆一张片子，学生只允许观看1分钟，就须写出所见寄生虫或虫卵，有的镜下还故意不放置任何虫或虫卵，1分钟到，技术员就敲响铃声，必须转入下一个标本，多么实际而严格的考查！多么良好的培训！回想起叔和馆建成后，几个基础实验室搬入叔和馆，李茂之先生笑吟吟地招呼我们进实验室，而一位人高马大的技术员徒手擒狗，即使是高大的狗，也能把它抓定，绑上嘴，然后静脉注射麻醉剂进行麻醉，观察麻醉条件下的生理反应，做血压、呼吸等的记录。张汇泉先生在叔和馆二楼，亲手一个个做成胎儿的蜡制模型。流行病学请来李方邕先生，李先生的工作经验非常丰富，还亲自带我们去工厂实习，想不到这样一位慈祥的长者，也在“文革”中自杀身亡。

现在一般大众或专家都在发表宏论高见，谈如何办好一所大学。在我看来，关键是要网罗、聚集一大批道德高尚、专业坚实、努力育人的好老师。回想当年，我们自己如何评价当年的浙大，还不是因为它有一大群高威望的名教授吗？如果舍此而另求，或把网罗好老师摆在与其他条件并列的位置，如同高楼相并列，就是没有抓住重点。试想当时浙大的物质条件如何？我们上课的教室，很多是联合国救济署送的活动板房，既低矮，又冬冷夏热，但师生弦歌不绝，孜孜学习，不是也取得了很好的教学效果吗？

老师的影响对学生学习情趣的培养更为重要。这种学术环境的影响，并不限于医学院、生物系实验室，也来自整个浙大。例如王淦昌先生做报告，讲云雾室，我读物理时知道有密立根云雾室，王先生的报告则更具体了，但其实更深层次的具体实验意义，我还是懂得很肤浅。又如，我曾亲耳聆听谈家桢先生与来访的苏联遗传学家奴日金争论遗传的理论，这也就无形中培养了我以后在生理学及神经科学学术活动中敢于当众提问题、敢于讨论的作风。

这种风气在理学院、医学院各学科是很普遍的。我记得夏日傍晚在慈湖之滨，我们席草地而坐，讨论获得性能否遗传的问题，讨论一代代割断老鼠的尾巴后能否遗传。其中有一位就是毕业后分配到中科院细胞生物研究所，后来转入生物物理研究所的郑竺英。

这种风气是从哪里来的？来源头绪可能很多，但我认为很重要的一条就是老师的影响。王淦昌先生的云雾室实验，俞德章先生和陈志康的造血实验，我们欣赏他们那种孜孜以求的作风。当时在学生中流传，说贝时璋先生在学习量子力学，我们都很吃惊。知道以贝先生当时的年龄，学新的物理学基本问题，一定得耗费不少心血，当时也知道贝先生的科研工作是眼柄激素，其实我始终未懂，直到今年看《贝时璋传》时，才算是了解一点。总之，一个大学要教导它的学生有追求真理的精神，这是最最重要的。古人有云"朝闻道，夕死可矣"大概就是这个意思。

正因为我们是浙江大学医学院成立后的第一期学生，老师们都希望由他们培养的学生，特别是第一班学生能茁壮成长。老师们对我们这一班也宠爱有加，每当我们有机会回杭州母校探访时，老师们对我们的热情，我们深有体会。1951 年我分配去上海之前，王季午先生曾与我小谈一次，他告诉我上海第二军医大学的情况，告诉我大学毕业后走上专业岗位应注意的问题，我是遵照他的指示做的。其他老师如病理科的陈履告先生，也是如此。1952 年，王季午、李茂之等先生来上海第二军医大学参观，还把我叫去见面，他们没有忘记我这个学生，见了他们，我如同见自己的父母长辈一样高兴。1995 年我被选为中科院院士，许多老同学为我高兴，杭州的老同学更为我转达了王季午先生的高兴。1997 年浙江医科大学评重点学科，王先生拉着我的手，问我一些情况，我们还一起照了相。同年浙江大学 100 周年校庆，来杭参加庆典的我们班同学 6—8 人，还专门去楼福庆、裘敏芗、赵易等老师家探望。

（六）同学情深，分散四方

我们是浙江大学创办医学院后招的第一期学生，我们入学大多是 1946

年，学号 35（民国 35 年，即 1946 年）的是主体，虽然也有转学进来的，还有以各种原因从其他高年级转过来的，因此学号有 33（1944 年入学）、34（1945 年入学）。因为同学人数少，上课同室，出门同行，到四年级以后，宿舍同室，真是朝夕相处，感情很深，相互也了解。

1951 年，我们被中央卫生部抽调去全国各医学院进行基础医学师资培训。我清楚记得 1951 年 9 月 1 日，我们各自买了火车票，从城站出发，奔向四方，我分配到上海，是最近的，在上海北站下车时只我一个人，同学们乘火车往前走，有去南京、天津、北京、沈阳的。下车后走在路上，一方面我要走向新的学习、工作岗位——第二军医大学生理学科，充满期待，新鲜又忐忑；更多的是舍不得和同学们分手。

浙大医学院同学之间的感情非常深厚，跟自己的兄弟姐妹一样。1951 年分开以来，我们曾经发起过同班毕业的同学写连环信，后来因怕人批评我们搞小团体，停了下来，到 20 世纪八九十年代又恢复，我们一直写了近 20 年。不但我们医学院同学之间的感情好，我们跟生物系、药学系的同学之间感情也好，我们和他们经常在一起听课，生物系的，如后来分配到上海工作的郑竺英；药学系的，如金国章，还有池志强，等等。

我们班上同学数量少，仅 15 人，现在已有 4 人去世，天津的章燕程、杭州的严徵辉、上海的祝铁白，还有老同学郁望耀在“文化大革命”中被迫害而自杀身亡，现安葬在杭州南山公墓。有机会我们老同学会在他墓前献一束鲜花，可是诚恳、踏实、扎实做事的“老郁”已长眠地下了。

郁望耀是我特别怀念的老同学之一，他是我在浙江大学医学院同班同学中比较熟悉的一位。我们都叫他老郁，有些他的宁波同乡，叫他郁马，为什么叫郁马，我问过他，他有解释，但已记不得了。老郁为人，历来以谦虚、忠厚、诚恳著称。在 60 年代初与他的一段交往中，我更是深有体会。

在浙江大学医学院读书时，郁望耀住西斋二楼的矮平房，我住二楼，上、下课出入都要经过他宿舍门前。他在宁波中学读书时的老同学陈昌生，是浙大物理系的，班次比我们高，而陈昌生的父亲陈书茳又与我的父亲同学，因此我们 3 个人见面时会聊聊天。老郁读书是有名的用功、勤奋、认真。他听完课后必定整理笔记，我有时课后忘了内容，就到他那里去查询。

他的笔记蝇头细琢，工整之绝！

1951 年，我们作为高级师资进修学员分赴全国各地。老郁去沈阳进修生理，我到当时的上海军医大学进修生理，我们俩又是同行。大约是 1953 年，他分配来上海第二医学院，我则已留在第二军医大学任助教。上海市生理学会常有活动，因离上海第二医学院很近，我经常去看他。记得当时他们的主任是张鸿德教授，与老郁在一起的还有秦家楠、张文彬等。50 年代后期，老郁被调去当时新成立的上海中医学院生理科，恰巧当时第二军医大学的曾兆麟同志也调去那里，负责生理科工作，所以我们彼此见面和交流的机会不少。后来郁望耀又任中医学院科研科长，听曾兆麟先生说起，不论是在生理科，还是科研科，老郁的工作都非常出色。

1962 年秋，我去中国科学院生理研究所张香桐老师处进修学习神经电生理。我家在江湾五角场，离岳阳路很远，来回不方便。我通过中医学院领导帮忙，在该院的青年教师集体宿舍获得了一个双层铺的下铺席位，每天从零陵路到岳阳路上、下班做实验，方便多了。在中医学院借住阶段，老郁对我照顾非常周到。我的电学基础知识不如他，他把学习材料，甚至他自己的学习笔记借给我阅读；还把自己办公室的钥匙也借给我，吃早餐前我还可以在他办公室里看书；他家住在学院对面，有时有好吃的东西，也招呼我去他家吃。那半年多的时间里，我在那里的生活及在科学院的工作，都很顺利与愉快，老郁的热心照顾是重要原因。

更使我铭记在心的是 1963 年他帮我治好灰指甲病的事。我读大学前，右手大拇指就患灰指甲，在前后 10 多年间，使用了各种方法，都没有治好，并逐渐蔓延到右手全部手指，手掌皮肤也粗糙。在 50 年代，我有时羞得不敢与人握手。1963 年春夏之交，老郁给我送来两大包中药和一个药方。他对我说：知道你懒，不但给你找了药方，连药也给你配好了，希望你夏天好好治一治。我就按照他送来的处方，用他送来的药治了。治的方法是用猪膀胱（后来改用塑料袋）把全部中药浸泡在镇江醋里，有七八味药。药方要求，一定要在大伏天用，还要加上一些新鲜的凤仙花。要把整只手掌都浸泡在醋和中药之中，如此连续泡一昼夜。大约泡过 12 小时之后，皮肤胀裂，手掌感到一阵阵痛，但我不愿辜负了老郁的一片热心，强忍过来，满 24 小时后才把塑料袋除掉。自那次痛苦的治疗之后，我的皮肤开始变软，新长起来的健康指甲，渐渐地把灰指甲都“顶替”掉了。大约过了一年，我的灰指甲就全部不见了，直到今天从未复发过。

1965 年以后，经历了“四清运动”和“文化大革命”，我们很少来往。1969 年，我随单位“调防”去西安，更无联系。后来，才辗转听说郁望耀竟含冤自杀身亡。“文革”结束后，他的冤案得到平反，我去参加了他的追悼会。看着他的儿子捧着他的遗像，我悲痛欲绝。如果他还在，他一定能够为国家做出更大的贡献，那该多好呀！但一切已成严酷的事实，不可挽回了。

如今我已年逾古稀，但老郁的音容笑貌、待人接物、学问人品，我始终难以忘怀。

老郁的骨灰安葬在杭州南山公墓，2001 年我们几个老同学曾去凭吊。我曾写过一首诗。

五、祭郁望耀

陈宜张（35536）

郁望耀读书做事均极认真可靠，有谦谦君子之风。浙江大学毕业后先后供职于上海第二医科大学及中医学院生理教研室。“文革”期间，难忍辱毁，含冤而死。骨灰葬杭州之南山公墓。九月八日偕大连、杭州、上海三地老同学冯镇沅、徐英含、王纯香、严徵辉、柯士钫、徐仁宝，携鲜花一篮，共凭吊之。

犹似西斋①恶梦回，南山惊见郁马②碑。
回首黑暗天无道，故人扼腕废徘徊。

2001年9月于杭州

① 我与郁望耀均曾住浙大西斋二楼。
② 甬籍同学昵称郁望耀为“郁马”。

六、尊敬的母校老师们，我感谢你们

胡之同（35717）

王季午老师课堂上讲到脑炎时模拟患者的样子，让同学们印象极其深刻。他另一次提起，病员不是生病的机器，人是有思想活动的，我们要注意他们的言行，要及时予以疏导、安慰与鼓励，只有让病员感到医师的亲切，他才对你有信心。

刘震华老师课堂上提到：胃肠道切割时可能无疼痛，但胀气扩大时却有痛感。这一番话，使我学习到引起腹痛有另一原因，鉴别各种腹痛的原因要考虑肠扩大的可能。

张鸿典老师授课时，热情、亲切的声音，吸引着同学们的注意力。他指出：感染时低热，是人们的一种抗病反应，不应立刻用冰袋降温，只有在40度高热时才需冰袋。

在讲到外科总论时，老师给我们安排了一次动物外科，为狗打开胸腔时，显示心脏收缩与舒张，一个同学好奇，用手摸了一下狗的心脏，突然心脏发生纤维颤动。由于未准备除颤机，未能救活此狗，这使我们领会到麻醉师的准备工作、监护工作何等重要！

母校为了扩充我们的知识面，从上海请来客座教授，有放射学张发初老师、神经病学张沅昌老师、精神病学夏镇夷老师，他们精湛的讲学使我们感受到“书山有路师做伴”。此外，医学关系到病员的生命，涉及方方面面的情况，“学海无涯生作舟”。

费登珊技师对我的帮助是很大的，腹部平片，滤线器用和不用，片子质量大不相同。关于滤线器的作用机理是什么，请教费技师，他的解释让我顿开茅塞。关于如何做好其他X线片的摄片工作，他对我的指导也很多。

我的“胃病”时间很长，张发初老师亲自给我做了胃肠钡餐检查，发现是显著胃下垂，让我解除了不必要的顾虑。

张鸿典老师，因事来温州，还惦记我，我去见他，如遇亲人一般。敬爱的母校老师们，我热爱你们！

七、我的片断回忆——在浙大

姜起立（35730）

1946年秋，我考入浙江大学医学院，原定学制7年，1949年后，因国家需要，学制缩短为6年，除去1年去外地师资班培训，实际为5年，于1951年秋离校。在这5年中，受到优良的求是校风的熏陶、造诣深厚的师长的教诲、进步思想的影响、热情学友间的支持，加上刻苦的自我学习，我获得思考问题的智慧、进行工作的能力、前进方向的抉择。这一切奠定我一生的起步点。往事种种赫然在目。只是由于年迈，记忆力减退，能回忆起的仅是一些粗枝大叶，而细末小节就想不起来了。

感师恩

浙江大学医学院是抗战取得胜利后，浙江大学从贵州回迁杭州时办的一个新学院。没有基础，主要是凭着力量雄厚的文理学院开始招收第一届学生。开办一个医学院需要添加许多医学学科、大量的仪器设备与临床学习基地。这些当时都不具备。为此，以竺可桢校长为首的校方和以王季午院长为首的院方，想方设法多方邀请有关学科的海内外一流人才来校任教，逐渐形成了一个强大的师资阵营。其中有解剖学的王仲侨、姜同喻，组织胚胎学的张汇泉，生理学的李茂之，寄生虫学的龚建章、黄天威，病理学的陈履告、陈星若，生化学的徐达道、唐愫，微生物学的钮家琪、朱圣禾，药理学的俞德章，实验诊断学的李志彬，物理诊断学的赵易，内科学的郁知非、楼福庆，外科学的刘震华，妇产科学的燕淑昭，放射学的裘敏芗，眼科学的姜辛曼，口腔科学的袁伯牙，公共卫生学的李方邕，再加上理学院的有关老师如贝时璋、谈家桢等。不久，校方在慈湖南岸建造了叔和馆，专供医学院教学应用；在头发巷田家园购买民宅，开办了“浙大医院”，作为临床教学基地。这使我们这些莘莘学子得以一步一步地完成学业，成为对社会有用的人才。对此，以王季午院长为首的广大老师倾注了全部精力，5年后终于有了我们这些第一批毕业生。思念及此，感恩的意念油然而生，刻骨铭心。借此衷心地、虔诚地、深深地向老师们道声：谢谢！

为了一副人体骨骼标本

入学第二年，开始学习人体解剖学。首先学习骨骼学，骨骼学是解剖学的基础。人体有 206 块骨骼，形态各异，其上有各种各样的突起、凹陷、孔洞和裂隙，很难记忆，需要手头有一副骨骼标本以助记忆。但学校初创，不能满足人手一副骨骼标本的要求，遂产生了自行解决的想法。据说郊区松木场为一义葬墓地，有众多无主坟堆，土浅棺薄，很易取得。一星期日，我们全宿舍几个同学准备好了口罩、手套、麻袋等物，即行前往。到了该处，满目荒凉，荒土累累。拨开泥土，露出薄皮棺木，轻轻一击，棺盖即碎。我们遂将其中的骨质一一取出，装于麻袋。回校后交解剖学工友吴樟水，经清洗消毒就成了一副完整的人体骨骼标本。人各一副，置于案头，用于对照学习，帮助不小。同学们每每念及此举，都不胜自豪。

万紫千红，各有特色

老师授课一般均系传统方式，老师在上面讲，学生在下面边听边记。但其中有几位老师的授课却别具特色。如解剖学的王仲侨教授的授课，他拿着标本，稳步有序地层层深入，把人体结构描述得清清楚楚，使听者具有立体感，印象深刻。教授比较解剖学的贝时璋教授授课从不带讲稿，他一边讲，一边同时在黑板上画图，图画完了，课也讲好了，学生听了印象特别深刻。李方邕教授上公共卫生课，用的是一种开放式的教学方法，经常带学生下基层参观见习，我记得曾去过麻风病院、杭州自来水厂、萧山麻纺织厂，收效很好。进入临床，王季午院长、郁知非教授、刘震华教授对临床讨论由浅入深，由病情到理论均详述入微，令人顿时感悟。凡此种种，至今令人难忘。

费巩壁报与子三广场

费巩是浙大在贵州时办学的一位有名的民主人士，由于抨击国民党反动派的倒行逆施，在重庆开会回贵州的途中被国民党特务杀害。为了纪念他的正义精神，浙大将阳明馆东侧的墙壁辟为费巩壁报，供报道校内外的各种进步消息与揭露反动派的丑恶行径，是浙大民主进步的重要喉舌。

抗战胜利后，以蒋介石为首的国民党反动派挑起内战，贪污腐败，经济崩溃，民不聊生，激起了多次学潮。先是北大学生沈崇惨遭美军奸污之事件引起全国各校罢课支援，要求当局惩罚肇事美军，让美军从中国滚出去。学生运动一次次扩大，直至全国性的反内战、反饥饿、反迫害的学生运动如火如荼地展开。各校学生罢课，教师罢教。京津沪杭等校派出学生代表去南京请愿。浙大学生自治会主席于子三由南京回杭后就遭到秘密逮捕并被杀害于监狱。反动政府反诬于子三为自杀。这一卑劣行径，激怒了浙大广大师生，校长竺可桢、校医李天助亲自前往交涉，揭露其丑恶面目。全校于阳明馆前广场举行声讨反对当局并为于子三出殡的大会。大会进行中，突然冲进来一伙来历不明的打手捣毁会场。在这突如其来的瞬间，人们都懵住了。幸而此时舒鸿教授大喝一声:“同学们手中的竹竿（撑旗旛的竹竿）是干什么的！”这一声吼提醒了广大同学，展开了与对手的搏斗。结果这些来历不明之徒落荒而逃，并被抓住几个，经讯问原来是伪警察局收买的打手，专为捣乱会场而来。经过斗争，于子三同学牺牲后被埋葬于凤凰山。同学们又在校内工学院门外靠小土山旁为其建衣冠冢。出于这一原因，将阳明馆前广场命名为“子三广场”，以资纪念。费巩壁报与子三广场也因此成了浙大民主堡垒的象征。

从医学院级联会到医学院院会

1948 年秋，医学院已有 3 个班级，由于没有统一的组织，各自参加各项活动。鉴于其他院系均有统一的院会或系会，为此，由我们班级发起，3 个班级的同学在叔和馆开会商讨。结果均认为有必要成立统一的组织，并定名为医学院级联会。会中选举张慈爱等为负责人。级联会成立后，除了一般的活动外，可提的还有以下几项:组织同学参加工读，临近解放时的护校，与药学系同学共同担任救护。另外还设计了医学院院徽，每人一枚。级联会一直持续到解放。因浙大学生自治会改称浙大学生会，医学院级联会也就改为医学院院会。

去杭州市青干校学习

杭州解放后，需要大量革命工作干部，尤其是青年干部。杭州市委与青年工作委员会（简称青工委）决定以浙大为依托，利用暑期校舍空置，举办一期培训干部的学校——杭州市青年干部学校，为期2个月，并于1949年6月底贴出招生广告。我出于对旧社会的憎恶与对新社会的向往，以及对革命理论的未知，就报了名并经考试后被录取。学员众多，有千余人（主要是在杭的大中学校学生及少量中小学教师），分7个中队，下设班组，每个班10人左右。学习以大会报告与班组讨论、分段总结为基本方式。课程有“劳动创造世界”“阶级与阶级斗争”“中国革命与中国共产党”“改造我们的学习与革命人生观”“党的政策与群众工作”“目前形势与我们的任务”。讲课人均为省、市领导，其中有张劲夫、林乎加、谭启龙、林枫、周力行、乔石等。学习过程还结合群众工作、民主建政与反霸斗争等活动。经过一段总结后即转入建团工作，学习团章。团中央书记冯文彬专程前来做《青年在当代之任务与方向》的报告。通过近2个月的学习，我在思想上对马列主义、毛泽东思想有了初步了解，政治上建立了“没有共产党就没有新中国”“团是党的助手”的认识。我决定参加，并被批准成为一名团员。8月底青干校结束，党员各自回原校。我和几位医学院的团员同志组成了浙江大学医学院团支部，选举我任第一任团支部书记。边学习边发展团员，陈宜张、徐仁宝、柯士钫等同学均由我介绍入团，医学院团支部也逐渐壮大，并开展各项工作。现在记得的有，配合医学院发动同学上街宣传党的政策，反银圆贩子与维护金融的稳定等。

去部队防治血吸虫病

1946年6月至1950年6月，蒋介石龟缩台湾。人民解放军为打倒国民党反动派、解放全中国，展开了水上练兵，感染了血吸虫病，需要治疗。1950年暑期，浙江省卫生厅号召浙江大学医学院、省立医学院及杭州卫生学校的高年级学生及有关医生自愿报名参加血吸虫病防治队，去为解放军治病。当时我们已是四年级，暑期正在安排去医院临床见习。是留在学校临床见习，还是去参加血防工作队？在这两可的矛盾中，我们觉得为解放台湾尽点力，是头等大事。陈宜张、徐仁宝和我3人就毅然决然地报了名，放弃去医院见习的机会。参加血防的师生在省立医学院集中培训了10天左右后，就分赴各地。去嘉善的浙江大学医学院师生共 13 人，由龚建章、张鸿典两位老师带队，到了部队受到热烈欢迎。我们在部队积极工作，和部队的卫生工作人员打成一片，受到部队领导的赞誉。至 9 月中旬学校开学，才由各地撤回。通过这一事件，我经受了一次服从国家需要与自我选择之间的考验，虽然失去了一次去医院见习的机会，但作为一个团员也深感荣耀。在这里我还要感谢两位同学。一位是陈碧华同学，当我决定去参加血防工作队时，我妻子正带着 4 岁的孩子在杭治病，孩子一侧下肢包了石膏，无处安身落脚，陈碧华同学热情地伸出援助之手，容母子俩往她家疗养，使我得以脱身。另一位是郁望耀同学，他在我去嘉善期间，几次去探视我小孩腿部的血液循环。借此我要向他们表示深深的谢意。

别了，结业啦！

1951 年 7 月，我们已学习 5 年。因为我们是浙江大学医学院第一批学生，医院很需要补充医生。按照需要与个人意愿，已分别作为临床实习医生进入各科室工作。此时突接中央卫生部调令，调全国医学院应届结业生作为具有医学基础的各科师资，去高级师资班进修，以备今后医学教育发展需要。下达给浙江大学医学院的文件，除两名为临床师资（放射学与精神神经学）外，其余均为基础学科师资。但有一名法医学师资，我们没有学过法医学，对法医学不了解，都不愿填写这一志愿。为此相持不下。为了完成上级的计划，最后决定班上的团员每人都填一项法医学志愿。学校上报后的批复却出人意料。填有法医学志愿的，均未被批准为法医学师资，而未填这一志愿的徐英含同学却被批准为法医学师资。当时徐英含同学情绪波动很大，但事已至此，也无可奈何，只有服从分配，各自走向所批准的师资培训班。徐英含同学经一番考虑后也服从了分配。法医学虽非徐英含同学的志愿，但他通过自己的努力与勤奋，在法医学方面做出了重大贡献，著作等身，荣誉多多，成了法医界的权威，令人钦佩不已。真是世事多多，变数多多，不能一锤定音。

悠悠岁月，往事如烟，谬误难免，敬请斧正。

八、王纯香对浙大生活的回忆

王纯香（35933）

我是 1946 年进浙江大学医学院的，学号 35933。我记得除入学考试外，进浙大后还要进行一次甄别考试，各学院的新生混杂在健身房中举行，通过这次考试，才能成为浙大正式生，否则只是一名试读生。可见当时我们跨进浙大门槛颇为不易。

浙大第一年新生的宿舍是不分院系的，当时在我们的大房间里就有文学院、理学院、工学院、农学院、医学院的新生。医学院的学生就是我和朱元珍两人。这样的安排也有好处，有助于各院系同学的沟通，有助于知识面的拓宽。

在一年级时，我们的教室很分散，有的在龙泉馆，有的在华家池，有的在阳明馆前面的简易房、活动房中，往往一节课后，就要赶到另一教室去听另外一节课，有时要坐学校班车去华家池上课。那时校车很少，很简陋。同课堂一起上课的不一定全部是医学院的学生，我们常和药学系等学生一起听课。

一年级时，医学院和我同班的还有另 5 位女同学，她们是柯士钫、朱元珍、张克庞、陈平、徐德芳。在学生时期，我和柯士钫最接近，我们几乎是同进同出。

在新中国成立前，我们经常罢课，参加反饥饿、反内战等游行。罢课有时为无限期的罢课。给我印象最深的一次是抗议于子三同学被国民党特务杀害，全校同学在阳明馆前广场（后改名为于子三广场）参加追悼会。在会议进行中，国民党特务用钱雇来的打手冲入会场打人，他们手拿木棍，见人就打。那时我在会场最外层，所以很快就离开会场。一年级时我身体不好，咳血，勉强上课，参加活动不多。

我觉得医学院虽系初办，是 7 个学院中最年轻的一个，但是办得很出色，很有成绩。在教学和聘请教师诸方面都有可取的特点。我们班同学毕业后分配到全国各地后的表现也证明了这一点。理学院生物系的老师们给我们打下了扎实的基础，医学院的老师对我们从严的要求是我们这辈子受用不尽的资本。医学院创办不久，但是在毕业生中也出了一个科学院院士陈宜张，出了一个协和医院院长朱预，李家实也是一个有名人物，郑树的学术成就和行政能力也为人所称颂，所以王季午院长对此非常欣慰。

（注：王纯香同学 2010 年 1 月因病住院，无法完成回忆录，徐英含根据第 1—14 轮连环信中王纯香写到的有关内容代笔完成。）

九、浙江大学医学院首届毕业生离校 60 周年纪念

徐英含（35938）

我们浙江大学医学院首届毕业生是 1946 年入学，1951 年离开学校，至今已整整 60 周年。60 年对于我们的人生来说，是一个漫长的历程，我们都从一个 20 余岁的小伙子、小姑娘变成 80 余岁的老头子和老太婆了。在这 60 年中，国家的变化、学校的变化和我们个人的变化真是太多太多了。抚今追昔，感叹也是太多太多了。在众多变化之中，母校教我、育我的印象却始终未变，从 1946 年到 1951 年，在母校的生活和学习情况，仍历历在目。如果说，我们今天有些微小的成就，也是母校教我、育我的赐予。为此，我们这届毕业生有一个共同的心愿，在今年将聚首杭州，大家一起来回忆昔日的学习和生活，畅谈离校后的种种变化，参观母校近年的发展，借此来纪念这个 60 周年，我们还要感谢医学院的领导，他们将对我们这次纪念活动做出安排。

1946 年，浙大已从贵州回迁到杭州。这一年浙大除文学院、理学院、工学院、农学院、师范学院、法学院 6 个学院外，又增添了第 7 个学院，即医学院，开始招收第一届新生。新生入学考试的考场设在杭州、南京、武汉和重庆等地，当时有 400 人左右报考，放榜时只录取了 20 余人。据老同学陈宜张院士的调查，从新生入学到 1949 年，医学院首届学生的组成有很大变化，有人看到医学院新办，担心条件差而转院，甚至转到其他学校；但也有人从其他院系转入医学院；有人从其他医学院来浙大寄读，以后转成正式生。到三年级时，名单中有 22 人，但其中 1946 年考入浙江大学医学院的却仅剩 10 人，我为其中之一，学号头 3 位是 359。到 1950 年 5 月，即结业前一年，我们全班同学在慈湖旁拍照，只有 17 人。因为原来的同学中，有的因病休学，有的在新中国成立后参加接管杭州或浙江省的工作，离开了浙大，也有的随 1947 届一起毕业。到 1951 年我们离校时，又有一些同学离开班级，所以同届毕业的仅 14 人而已。

1946 年报到入学后，给我印象最深的是当时学校的民主墙，墙上贴满了

大大小小的字条，也夹着一些漫画。人们路过时，总要驻足观看这些作品。他们有的点点头，表示对其中某些内容有同感或附和，间或也发出一些笑声，大约对某些内容的幽默或诙谐表示欣赏，当然也有个别人对这些内容摇摇头，不以为然。我感到好奇，也走了过去，望个究竟。岂知不看犹可，一看就被这些报纸里见不到的、教室里听不到的内容吸引住了。原来这些大字报，有抨击时政的，有反对内战的，有揭露人贪污腐化的，有对学校提出一些意见的，内容涉及各个方面，真是令人目不暇接。其中一些别出心裁，见不到一个字，却意思表达简单明了，人见了，不禁为之叫绝、拍手称快。它由一个等号（＝）组成，等号一侧粘着一叠关金券，另一侧粘着一张擦屁股用的富阳毛纸（卫生纸）。当时通货膨胀，物价一日数涨，法币改金元券，金元券又改关金券，几乎都变成废纸。工薪阶层拿到工资后，必须赶紧用掉或向银圆贩子兑换“袁大头”或“孙大头”，否则就会贬值。很早就听说浙江大学有民主墙，但不知如何实行民主，这一次总算有眼福，亲历其境，印象极深。对比过去在中学，哪里能见到这样的民主，我潜意识里发现自己已成为一个令人羡慕的大学生了。

医学院原定的学制为 7 年制，前 2 年为医预科，除英语、国文外，几乎全部是理学院给我们开的课程。医预科主任由遗传学家谈家祯教授兼任。开学之初，有选课的手续，其实医学院都是必修课，没有选修课。我记得在选课时签名的老师为李宗恩教授，他是医学院的负责人，但是不久他去就任中国协和医学院院长了，继任者为王季午教授。医预科的课程包括微积分、一年物理、二年物理、普通化学、有机化学、分析化学、动物学、遗传学、比较解剖学、人类学等。医预科的时间长了，有得有失。失的是临床医学的时间短了，但理学院给我们打下了扎实的基础理论知识，从长远的教学效果来看，也不失为一种收获，对我们这届毕业生以后的发展不无影响，尤其是有的老师给我们树立了教师的典范形象。例如贝时璋教授给我们讲授比较解剖学，从不带讲稿，但内容丰富，逻辑性强，而且他能两手并用，一手绘图，一手写字。

当时学生中有公费名额，每学期公费生可得到国家一定的经济补助。有同学向训导处了解公费生的要求和申请手续，训导处的老师直截了当地告诉他："我校公费生有一定名额，只有部分学生可享受。学生不必自己申请，也不要任何证明，包括家庭清贫证明，谁不知道这种证明只要有办法的人都可设法拿到，我们不信这个。我校的公费是给成绩优秀的学生的，分甲、乙、丙三等，完全按成绩高低评定，而且不是固定不变的，每学期按成绩变化有更动。"事实也确实如此，我未经申请也拿到了公费，一直到 1949 年杭州解放，这一公费办法才取消。

我们到第三学年才学习医学基础课，如人体解剖学、组织胚胎学、生理学、生化学、微生物学、寄生虫学、病理学、药理学等。因为我们是首届，解剖学实习时缺乏人体骨骼标本，王仲侨教授动员我们自己去捡无主尸骨。那时候，凤凰山麓无主荒墓很多，有的尸体被裸埋在土中，被野犬咬了出来，我们捡来尸骨后，加工处理，便成骨骼标本。我们把这些尸骨放在宿舍窗台上、书桌上，成为医学院学生的一个标识。晚上自习时，在灯光下把指（趾）骨放在书桌上，排列成手脚形状，窗外其他院系同学经过时，望着这些小骨头，还以为我们在吃花生米呢。

医学院当初设在龙泉馆，与法学院在一起，以后又搬到慈湖旁的叔和馆。那时的授课教师我还记忆犹新，有钮家祺、龚建章、黄铁威、李茂之、俞德章、徐学峥、徐达道、唐愫、陈履告、陈星若等老师。我记得病理学第一例病理解剖是伤寒病死去的患者，由陈履告教授给我们示教。陈履告教授非常注意档案的收集和保管，从第一例起，尸检的书面报告和病理切片、组织蜡块就都保存起来，到今天病理解剖已 4200 余例，这些档案全部保留得很好、很完整，这要归功于一个良好的开端。

医学院的附属医院也是我们眼看着它从无到有地创办起来的。医院设在田家园，门诊室、病房、化验室、手术室和一切辅助用房都是由几间民房拼组而成，医院设备则由救济总署提供，当时医院就称浙大医院，为今日浙江大学医学院附属第一医院的前身。院长由王季午教授兼任。开张第一天，医院各科室全部开放，让全市市民自由参观，我们学生则充当义务招待员。医院内、外科主要医师有王季午、郁知非、楼福庆、刘震华、李天助、杨松森等，给我们授课的，除本院自己的医师外，也聘请上海的专家，如精神神经科的张沅昌、夏镇夷教授，放射科的张发初教授等。浙大医院在当时虽系初办，但由于医生阵容强大和设备先进，在杭城还是首屈一指的。

我们的临床课教室就设在医院院办室楼上，所以我们每天必须很早就从大学路宿舍赶往田家园上课。在庆春路上，我们往往和挑粪担的农民擦肩而过。那时杭州城里能用上抽水马桶的不多，一般市民多用木马桶，每天清晨将马桶放在巷内自家屋门前，由郊区农民来收集，作为农作物的肥料。庆春门外的农民都从庆春路经过，成队的挑粪农民，来来往往，熙熙攘攘，形成清晨庆春路上一道风景线。

在学习临床课时，我们一面要在教室听课，一面要做见习医生。见习医生虽非正式医生，但工作并不轻松。每天内科查房，一般由王季午教授或郁知非教授负责。在查房前，我们要将病人的病史准备好，包括主诉、临床表现、体检发现、化验记录和以往病史、家族史等，还要有自己的初步诊断，加上必要的理论，尤其是常规化验，不像现在有检验科分析，那时就全靠我们自己人工测定，费时费神。在查房时，我们必须向负责查房的老师介绍病史，其实是背诵病史，稍有不到之处，或与负责查房老师的检查不符时，查房老师就会毫不留情面，当着病人的面给予指出和批评。遇到遗传性疾病病例，我们还必须查三代。这种严格的培养方式，在当时来说，虽有些吃不消，但对我们以后的动手能力、分析能力、归纳总结能力却是大有裨益。其余如大外科刘震华教授手术的利索、张沅昌教授讲课的生动等都给我们留下深刻的印象。

1949 年后，我们的学制由 7 年制改为 6 年制。按新学制，1951 年 9 月后我们应进入临床实习阶段，但是新中国成立后，医疗队伍急需扩大，医学师资紧缺，中央卫生部决定 1951 年结业的学生大部充当师资，而且主要是基础医学师资。这样，我们就完全按国家需要分配到各相关院校参加卫生部第一届高级师资班学习。1953 年（实际上已为我们大学学习的第 7 年了），我们从师资班结业，就被统一分配到全国各医学院校任教。我们这一届除少数回浙江医学院（1952 年院系调整后，浙江大学医学院与省立医学院合并成浙江医学院）工作外，其余被分配到上海、福建、重庆、成都、大连、天津、西安等地。

1946 年到 1951 年，我们在浙大受到求是精神的熏陶，这一精神也成为我们这一生治学和工作的准则。在毕业以后，我们虽经历了许多政治运动，在生活和工作中遭遇了许多曲折，但始终能以浙大人的担当来面对困难，克服困难。我们这一届同学人数不多，10余人而已，其中知名人士却不少，最突出的是陈宜张，他为中国科学院院士，毕业后从事生理学教学、科研工作，浙大合并后任首任医学院院长，现任第二军医大学教授、神经科学研究所所长、全军医科委常委。他从事神经生理研究，首次在国际上提出糖皮质激素的非基因组机制，应邀在国际学术会议上做报告，主持第33届国际生理大会专题讨论会；研究成果被国际权威内分泌教科书所引用，编著多部学术专著，发表研究论文200余篇。近年来，他着力推动国内活细胞单分子研究，曾获多项学术奖励，被总后勤部授予“科学技术一代名师”称号。其余的同学，有的担任中国病理生理学会受体专业委员会第一、第二、第三届主任委员；有的被学校评为优秀带教老师达11次；有的抢救重危病人数以百计，在贵州、重庆、成都以至昆明的铁路职工中享有极高的口碑；有的曾参加抗美援朝反细菌战；有的参加全国性生理学教材和大百科全书的编写，发表论文数十篇；有的虽然在“反右”时因莫须有罪名，被下放到基层卫生单位工作20年，1979年昭雪后回到大学任教，担任学报主编，参加国际学术会议，荣获重庆市劳动模范称号；有的在国内外发表论文140余篇，出版专著30余部，获奖10余项，其中省、部级科技奖一、二、三等奖多项，荣获省优秀教师、省劳动模范称号，担任省人大代表、全国政协委员，至今仍任浙江大学司法鉴定中心顾问。最遗憾的是我们学生时代的老班长，他不仅自己学习成绩优秀，还肯关心人，帮助人，参加工作后即因成绩突出，担任学校行政领导工作，可惜在“文革”时蒙受不白之冤而惨死，一个大有作为的人就这样匆匆离我们而去。（本文发表于《浙江大学报》迎接浙江大学115周年校庆征文中）

十、早期浙江大学医学院的回忆片段

冯镇沅（35940）

（一）创业维艰、从无到有

浙江大学是1946年才创办医学院的。此前，浙大已拥有文学院、理学院、工学院、农学院、师范学院、法学院等6个学院和化学、物理等2个研究所。我们于是年秋考入浙江大学医学院，成为她的首届学生。据教务处的老师说，当年报考医学院的考生有400多人，只录取了20多名，报到入学的才20名。

据传，竺可桢校长是接受其好友著名医学教育家林可胜和李宗恩教授（均为中国协和医学院的院长）的建议，决心依托浙大理学院的雄厚实力办医预科，建立一所协和式的一流医学院。中国协和医学院是美国罗克菲勒氏基金会办的，在国内外素享盛名。其学制为8年，医预科为3年，依托燕京、东吴、圣约翰等大学的理学院而设。浙江大学医学院的学制就定为7年，预科为2年。

浙江大学因1946年刚从贵州遵义迁回杭州，百废俱举。被日军侵占的校舍需要整修，图书、仪器、设备等的搬迁、布置，亦极耗时费力，故是年新生报到入学的时间延至12月。大雪纷飞，慈湖冰封，银装素裹，分外妖娆。注册选课时，为我们签名的就是李宗恩院长，他儒雅端庄，学者风范极佳。他建议我暂勿选修第二外国语德语，先集中精力攻读英语，因为全世界重要的医学文献都可以从英文索引书刊中找到，这给我留下很深刻的印象。后来中国协和医学院很快就复校了，李教授要回去当院长，就推荐王季午教授正式担任浙江大学医学院的院长。

王院长为创建我院呕心沥血，鞠躬尽瘁，立下不可磨灭的功勋。当时浙江大学医学院一无所有，一切都要从头做起。幸亏头两年全部可以在理学院上课，医预科主任亦由理学院的谈家桢教授兼任。讲授基础课的多为理学院的教授，实验课亦都由理学院的老师带，非常认真，一丝不苟。

医学院当时还没有专属于自己的实验室和设备。据说当年教育部曾拨下

5 亿元建院费，但浙江大学暂时先挪用来修建校内的道路和泰和村家属宿舍，以解燃眉之急。直到 1948 年才另筹款建立起第一栋医学院专用的实验室（叔和馆）。我们班最初的人体解剖课还是在子弹库的旧房子里上的。

当时最迫切的问题是没有实习医院。经过王院长多方奔走，1947 年在庆春街田家园购得一处较大的民宅，是木质结构的楼房，带有花园和假山。略事改建和装修后，就成为我们的实习医院——浙大医院（竺校长命名，是今浙江大学医学院附属第一医院的前身）。其设备全部由联合国救济总署捐赠，为 150 个床位规模的整套医疗设备（包括 X 光机和救护车等）。当年获得同样捐助的还有武汉大学医学院。

浙大医院的院长由王季午院长自兼，副院长为楼福庆和李天助教授。各科的医务人员也都聘请并配备齐全。当时领导各科的教授为刘震华、杨松森（外科），楼福庆、赵易、张鸿典（内科），陈美珍（儿科），姜辛曼、梁树今（眼科）。后来又从上海聘来一些兼课和会诊的名教授，如张发初（放射科），李瑞林（妇产科），张沅昌、夏镇夷（精神神经科），王坜耕（泌尿外科）等。1950 年，郁知非教授从美国纽约的西奈山医院回国，任我院的内科主任，他是有名的血液病专家，亦是协和医学院出身。

浙大医院人才济济，不但医疗技术高超，而且作风严谨、管理科学，声誉日隆，很快发展成杭州市的第一流医院，为后来的发展打下扎实的基础。虽然当时医院还很小，设备也还简陋，病房都是木质结构，过道走起来会“嘎吱嘎吱”响，怎么看都依然像民居，没有现代大医院的模样。但我们所有的临床课及医疗见习和实习，都是在这里进行的，我们从这里成长起来，她与我们有着永难割舍的情谊，就像我们的母亲一样。

浙大医院就是这样从无到有地建设起来的，这里凝聚着众多建院者的心血。令我难以忘怀的还有一件事是，1948 年美国援华联合会捐赠给我院 20 台显微镜。当我们亲手从救护车里捧下这些崭新的奥林巴斯牌双筒显微镜，搬进实验室时（由几个教研组合用），真是无比兴奋，小心翼翼，生怕碰坏一点点，就像抱心爱的婴儿一样。

（二）名师荟萃，教书育人

英国著名科学史家李·约瑟（Joseph Needhem）博士曾赞誉浙江大学为“东方剑桥”。这也是对当时浙大优良的教学传统和竺校长的卓越领导予以有力的肯定。

浙大有大批优秀的老师，他们不仅学术造诣很深，传授学生丰富的学识，而且道德修养也高，在潜移默化中培养学生的思想品德：教书育人，蔚然成风。

浙大有许多闻名全国的教授，如苏步青、陈建功（数学），王淦昌（核物理），王琎、王葆仁（有机化学），何增禄、束星北（物理），贝时璋（胚胎学），谈家桢（遗传学），江希明（动物学），吴定良（体质人类学）等。当年评价教授之名望，主要看他的学术造诣和贡献，并不计较他所担任职位的高低，所以有些浙大的教授，原先在别的名牌大学还当过校长，如物理系的吴有训教授（原中央大学校长）、机械系的程孝刚教授（原交通大学校长）。浙大各学院的院长也都是有名的教授，如王琎（理学院院长）、王国松（工学院）、蔡邦华（农学院）、郑宗海（师范学院）、李浩培（法学院、国际法专家）和张其昀（文学院）等。

浙江大学医学院院长王季午教授也担任过贵阳医学院的院长，他亦为浙江大学医学院聘请了许多名教授，如王仲侨（解剖学），李茂之（生理学），张汇泉（组织胚胎学），孙宗彭、俞德章（药理学），徐达道（生化学），龚建章（寄生虫学），陈履告（病理解剖学），刘纬通（流行病学），李方邕（公共卫生学）等。其中张汇泉和李方邕还分别当过齐鲁大学医学院和兰州大学医学院的院长。刘纬通教授在抗美援朝反细菌战中，曾为证实美帝的细菌战罪行立过功劳。李茂之和陈履告教授原任教于国防医学院，因不愿随国民党去台湾，他们都辞职转来我院。王仲侨教授来自广州中山医学院，为人极其正直，他曾千辛万苦为我们从广州运来解剖用的尸体。俞德章教授教学极认真，不辞辛苦，兼授生理、药理两门课。他们都是学识和品德很高、深受学生爱戴的老师，遇到不良现象，每每仗义执言，不计自身安危，因而在政治运动中遭受迫害。

束星北教授是一位富有正义感的学者，于子三同学遇害后，他第一个在浙大教授会上站出来号召教授们罢教抗议。他常常为了追求科学真理而与人辩论不休。我有一次经过物理系办公室时就曾听到他在同王淦昌教授辩论，嗓门极大。陪我去的物理系同学笑称：这就是全校闻名的“束大炮”。他的这种不懈追求真理的精神诚然可贵，但后来听说他去了山东大学。

1952年时提倡全面向苏联学习，有些人鼓吹苏联的米丘林学说而全盘否定摩尔根的遗传学说。平日和蔼可亲的谈家桢教授此时毅然奋起据理力争，大力宣扬摩尔根学派基因遗传的科学根据，指出米丘林学说的局限性。当时反对者势众，他虽备受围攻，仍舌战群儒、坚持不屈。这种追求真理的精神，永远值得我们学习。

谈老师学识渊博，讲授的遗传学非常生动。他还给我们用生物放大镜观察由美国带回来的果蝇以加深认识。每次他都小心地用乙醚进行轻度麻醉，等它们醒来后又仔细地收藏好。他曾开玩笑说，这些小小的果蝇是从美国用飞机运过来的，你们长这么大了，大概还没有坐过飞机吧。这些果蝇给我的印象很深。

在吴定良教授的实验室里，排放着他从英国带回来的3000多副世界各地的人体骨骼。他常向我们介绍收集和研究这些骨骼标本的艰辛。我每次进入这个实验室时，都为他热爱科学的精神所感动，很是钦佩。

在浙大的老师中，我最敬仰的是竺校长。他为建设浙大和保卫浙大，付出了难以想象的辛劳。他在抗战时带领浙大师生千里跋涉，西迁至贵州的穷乡僻壤。他的妻儿都不幸途中病死在江西。他为浙大广延名师，发扬“百家争鸣”精神，“大不自多，海纳江河”，可与蔡元培先生办北大的精神媲美。他在1938年提出和倡导的“求是”校训，一直鼓舞着无数浙大人前进。他对学生谆谆教导，爱护关怀备至，在学生们受迫害时挺身而出，不惜牺牲自己。这种伟大的人格和精神是我们毕生难忘的。

1946年冬我刚入校时，在慈湖畔的“民主墙”（费巩壁报）上看到有篇同学讽刺文学院院长张其昀因受蒋介石接见而沾沾自喜的文章，很是惊讶。因为在中学时，批评老师是件大逆不道的事。恰好竺校长这时路过，他看到我的惊奇表情后，问清缘故，就语重心长地对我说：“学生当然可以批评老师，只要你说得对。我们浙大的校训是‘求是’，‘求是’就是追求真理的意思。”这番言简意赅的教导，让我一生铭记不忘。年老退休后重新来研究浙大校歌时，才发现和体会到，原来校歌中早就教导过我们了：“昔言求是，实启尔求真。”

1947年，曾在一次报告会中，听有位访问英国剑桥大学归来的浙大教授介绍剑桥导师制的情况，他用一句剑桥名言“Knowledge by smoking”来概括，意即导师们通过和学生们在一起抽抽烟斗、谈谈学术和生活，来培养学生知识和品德的成长。听说浙大在贵州时，费巩教务长也曾试图推行过一阵导师制。我曾推想过，在兵荒马乱的苦难年代，咱们中国的师生还要为生活而穷忙，大概很难得有闲情逸致来抽烟斗吧。教师还是得靠身教言教，来潜移默化地提高学生的学识和品德。浙大的教师们就是这样身体力行的，为我国造就了大批英才。

（三）培养独立工作能力

浙大的教学中，非常重视培养学生的独立工作能力。通过实验课，培养学生一丝不苟的严谨科学作风，如亲自动手操作，独立思考解决问题的能力。

我们在上分析化学实验课时，要求非常严格，一不合格就必须重做。那时管实验室的老技师特别严格，从不肯向我们泄露半点有关待测未知物的信息。我们曾向授课的张啟元老师申诉，他苦笑说：“他一向就是那么严格，这是很可贵的。当年我也是他的学生，也是这样过来的。”

学人体解剖学时，指导我们的姜同喻老师对人体解剖学非常熟悉。他往往随手抓起块骨头一摸，就能准确地说出它的名称、部位和功能来。他要求我们每人准备一副人体骨骼标本，放在床下的纸箱中，经常练习辨认，也要求做到随手一摸，就能说明究竟。我们按照他的要求做了，从荒郊废坟中挖来尸骨，洗净加碱煮过，刷得像玉石一样洁白，然后反复练习，互相考问，直到滚瓜烂熟为止。我现在年老退休后，钻研中医的推拿学，能治好许多骨病患者，颇得益于当年对骨解剖学的勤学苦练。

在生理实验课中，从抓狗、麻醉、剃毛、切开、止血等等，都要求亲自动手，一丝不苟，不怕脏累。记纹鼓上的实验结果不合格，都得擦去重薰重做，所以下午的实验课，往往要做到晚上才结束，我们也不以为苦。

在生物学实验课中，不但要求细致观察，而且对绘图要求也很严格，要用细而尖的硬铅笔点点来表示标本的明暗面和立体感，一丝不苟，故当时常可听到满堂的点击声，像雨打芭蕉一样。

组胚学张汇泉教授对我们就像严师慈父一样循循善诱，特别亲切。他还组织郑竺英、徐仁宝和我成立了一个学生课外科研兴趣小组。先是教我们学习切片标本的制作技术；进一步学习卡哈氏染色法，用硝酸银染制交感神经节纤维的切片标本，纤维呈棕黑色，很清晰，同通常用的苏木精—伊红染色法的切片不一样。后来张教授又指导我们设计和制作了一套显微镜用的恒温箱：用一根U形的细玻璃管，一端吹成球状，内贮水银，利用水银的涨缩来控制电灯泡的开和关，使显微镜箱内温度恒定地保持在37℃，可观察白细胞在体温状态下的变形和吞噬运动，吞噬了中性红（Neutral Red）的白细胞（Super Vital Stain），在显微镜的油镜视野里做着变形运动，煞是好看。后来张教授在浙大医院做了一次有关白细胞吞噬活动的学术报告，还带我们去做示教表演，以资鼓励。

外科刘震华教授非常鼓励我们早期接触外科的手术领域，以增强感性认识和基本功训练。他选了5名同学成立外科小组，并请手术室的张德珊护士长为我们准备了消毒衣帽。只要有机会就让我们登手术台当第二助手（拉牵引器），这样可以近距离地接触手术操作，丰富感性认识。有一次他手把手地指导我去触摸腹腔内的大动脉和交感神经节等，并且教导我们，有些部位在手术中是较难看清楚的，往往要靠手指去触知和分辨，一定要掌握这类细微的感觉，这一教导使我们获益匪浅。

内科的基本功训练也非常严格。在物理诊断学课中，先是在自己或同学们身上反复练习，至正确和熟练后，才允许到病人身上敲敲听听。至于实验诊断学课更是要求严格操作，力求准确，化验如不合格，必须重做。当内科实习医生时，要求一个人管10张病床，每个病人的问病史、化验和诊断都得亲自动手，有时常忙到半夜。只有经历过这样的严格训练，才能成为一名合格的医生。

我院的第一例病理尸体解剖，是一位因肠伤寒病死的 19 岁少女。当时陈履告教授为培养我们，有次曾指定我当助手，负责搬动内脏、截取标本和登记等工作，主要助手还是俞寿民老师。由于是零距离接触，给我的印象特别深刻，这也是我一生中唯一的一次病理解剖。解剖开始时，陈教授带领全体师生肃立，为死者默哀，感谢她为医学科学献身，这一庄严的场景也是令人毕生难忘的。

在最后一学期的公共卫生课中，李方邕教授千方百计地为我们联系各种社会实践的机会。老人家冒着酷暑带我们去棉纺厂、麻纺厂和造纸厂参观，认识吸入粉尘和污染物对工人造成尘肺的危害；去自来水厂参观，了解如何消除污染和清洁饮用水；还参观了麻风病院，了解如何隔离和防治麻风这种危害极大的传染病。在麻风病区，我们曾看到一位年轻的女患者揽镜自照着已损毁的面容，动也不动，那种凄恻的顾影自怜的表情，真是令人难受！李老师特别推崇麻风病院医务人员的献身精神，给我们上了难忘的一课。

（四）大学生活，丰富多样

大一英语课的第一课就是 *ah，the university*（《啊，大学》）。冯斐老师声情并茂地为我们朗诵和讲解课文及内容，使我很受感动，原来大学生的学习和生活，是如此不同于中学时代！

首先是学习的方式变了，不再死记硬背。要靠自己主动钻研，要善于从大部头的教科书和参考书中汲取精华和要点。要通过实验课来锻炼自己动手操作和用脑思维总结的能力。

我们学人体解剖学时，王仲侨教授讲得不多，往往只阐明些要点，指定教科书的阅读范围，要求我们去自学。但他对实验课却非常重视，有时还亲临指导和示范。李茂之教授讲生理学也是如此。他甚至可以跳过中枢神经系统生理的一大部分，要求我们结合复习神经解剖学去自学。这样我们虽然很累，但是收获却很大。

其次是大学生的交游广阔，知识的范围也很大，有利于各方面的成长。

浙江大学的学生来自祖国各地，很多很杂。有的满口四川方言；有的操着一口道地的杭州话；有些人讲闽南方言，非常难懂；还有几位来自台湾的，喜欢讲日语，穿着也是五花八门：大多数人穿长衫布鞋；也有少数城市阔少，西装革履；还有一些人刚从印缅战场复员归来，美军夹克尚未脱下。各人的经历不同，又在不同的院系、年级学习，大家混住在大宿舍里，朝夕相处，真是很有趣的。我们在浙大的头几年，各院系是混合住的，结识了许多朋友，长了许多见识，收获很多。大家住在一起，科学、政治、天文地理、个人经历、世界大事，无所不谈，知识面是极广阔的。有些当年的同学，如今早已是各方面的专家，退休后与我尚有来往，如陈志康（药理系，毒理学专家）、沈锷（生物系，脑生理学专家）、徐承恩（历史系，社科院院士）、王介南（法学院，易学家和书法家）。我至今仍非常向往这种学生混住的方式，认为很可取。

在浙大，听课不受限制，只要你有时间，就可以去旁听你所喜爱的课。记得有一次徐承恩带我去旁听他们文学院的名教授夏承焘讲《苏东坡词》。一个教室里外都挤满了人，我只好在外面趴在窗台上旁听。当时夏老吟诵和讲解苏东坡的《江城子·悼亡妻》："十年生死两茫茫，不思量，自难忘……"那催人泪下的动人情景，至今仍记忆犹新。

还有一些生活技能和知识，是在"学生公社"里学到的。如英文打字、理发和踩缝纫机等。只要交上1角钱，就有当义工的同学来教会你。以后可以依此谋生，赚点生活费。

浙大的文娱生活也很丰富，有各种文娱团体，如浙大话剧团、京剧社、歌咏社、合唱团等等。音乐教授沈思岩是留学法国的声学家，他指挥浙大合唱团唱《黄河大合唱》，气势磅礴，雄壮动人。每年圣诞节他都指挥唱《圣母颂》和《哈里路亚大合唱》等圣诞节歌曲，这些属于高雅歌曲。我们大多数学生喜欢参加乌鸦歌咏队和喜鹊歌咏队。我们在乌鸦歌咏队里唱《南泥湾》《山那边呀好地方》和《团结就是力量》等进步歌曲，也唱《茶馆小调》和《古怪歌》等讽刺当时社会黑暗面的歌曲。

沈教授有不少留法同学是著名的音乐家，如小提琴家马思聪、女高音歌唱家管喻宜萱、花腔女高音歌唱家周小燕等。有一年，他曾做东邀请他们暑假来浙大开个人音乐会，这在当时是极为盛大的活动。浙大健身房里挤满了浙大师生2000多人，外面慈湖畔的草地上还坐满了杭州市的中学生和各界人士。各位音乐家欣然献技唱、奏两小时，都是世界名曲，使我们的心灵得到极其美妙的享受。康巴尔汉的新疆歌舞团也曾来浙大演出过，当时我坐在前排地面上，第一次欣赏少数民族的美妙歌舞，简直着了迷。

学生会还每周举办唱片欣赏会，介绍西方著名的古典音乐，如贝多芬、莫扎特、肖邦等的交响乐等，并有专人介绍解说，往往一个大教室里挤满了听众。在月夜里欣赏美妙的音乐，也是一种极好的享受。

浙大话剧团的水平也很高，演出过曹禺的《雷雨》和巴金的《家》等名剧，水平一点也不逊于专业话剧团。看了他们的演出，我还感动得流了不少眼泪。

（五）罢课游行，反对内战

当时的浙大是闻名全国的民主堡垒，学生极富正义感，反对黑暗统治的罢课游行，时常发生。我们进校的第一年，就有三次。第一次是因北大女生沈崇遭美军强奸而引起的反美抗暴示威大游行，继而又暴发了声势浩大的反饥饿、反内战的罢课游行，年末又发生抗议于子三同学被国民党特务杀害的罢课游行，都发展到全国，旷日持久。这些活动使我们受到极深刻的民主革命的教育。当时我们浙大的游行队伍，6 人一排走在杭城的大街上，高呼革命口号，后面紧跟着中学生和各界人士的队伍，声势极其浩大，沿途还向广大市民宣传鼓动，给国民党反对统治当局以极大的震撼！

于子三同学是当时浙大学生会的主席，1947 年 10 月 26 日被国民党特务逮捕，3 日后即惨遭杀害于狱中。凶手将一片尖锐的碎玻璃片插入他的锁骨上窝，污蔑他是畏罪自杀，以图塞责。闻讯后，竺校长立即率校医李天助教授去现场探视。据李教授后来对我们说，他们发现现场血迹未喷溅墙面，而是淌流在身下，这表明此出血系在人已经死亡后捅破锁骨下动脉所引起的。而且死者的阴囊强烈收缩，显示受到强烈的疼痛刺激（如受刑）所致。这一罪行引起广大师生的愤慨和罢课抗议（很快扩展到全国），罢课浪潮势不可挡。

在广大师生的抗议下，反动当局不得不同意我们师生去伪保安处探视遗体，但限定每批只放 20 人入内，不许哭泣和喊口号。伪保安处门口聚集了大批荷枪实弹的军警，墙上架着机枪，如临大敌。我们看到子三烈士肩下的大滩鲜血，无比悲恸，此情此景，终生难忘。

后来我们冒着细雨，唱着挽歌，将子三烈士的遗体安葬在凤凰山麓，傍着孔子墓道，其地属浙大校产土地。“文化大革命”中，子三烈士曾一度被“四人帮”诬蔑为革命的“叛徒”，墓地荒芜。1976 年清明节时，我曾带着 9 岁的小儿子去扫墓，拔着荒草，低吟着当年送葬的挽歌，给儿子讲着先烈的历史，我的心情极其悲愤！

我曾长久保存着一枚于子三烈士纪念章，它的背景是一个象征革命苦难的十字架，横臂上刻着殉难日期“10.29”字样，侧面是一个尖端染红的银白三角形，模拟凶器。一直保留到“文革”时才不得已被毁去，但它依旧存留在我心中，这是毁不去的！

（六）应变护校，迎接解放

1949 年 4 月杭州解放前，形势变得非常紧张。国民党军警特务包围了浙江大学，持黑名单欲闯入校内搜捕进步学生。校方和学生会紧急号召全体师生奋起护校应变。当时组织了身强力壮的男同学当纠察队。在校门内侧高高堆起大量课椅和双层铁床作为防御工事；在大门左侧的阳明馆楼顶平台，堆放了大量砖石、石灰包、硫酸瓶和铅蓄电池，就像古代守城战中用的檑石滚木一样。纠察队员三五成群，手持棍棒，在校内巡逻盘查，防备特务混进校来。反动当局调来装甲车冲击校门，但由于我们的障碍物堆得太高了，他们冲了几次也冲不开，双方就这样僵持了下来，形势十分严峻。

我们医学院同学奉命组织救护队，推我当救护队的教练，张慈爱同学当队长。我从李天助老师处借来一本英国皇家陆军用的救护小册子，连夜将它编译成手册，并且现学现卖，自己先练熟了，再介绍给队员们，队员多数为医学院和浙大附中的女同学，有二三十人。大家反复练习止血、包扎、搬运伤员和人工呼吸等急救技术，还在校内的广场上演习过，只是一直没有机会实战应用。

由于应变护校有力，包围浙大的军警特务虽未撤尽，但也始终未能冲进校内。我们已把住在泰和村的教工和家属及住吴牙巷的浙大附中师生都迎接至校内来避难。学生大食堂也备足了粮、油、木柴和大量黄豆、咸菜，以防围城时断炊。我是伙食委员之一，曾多次参与开会策划。

当时校内有不少课程并没有停下来，真可谓弦歌不辍。但大家上课时都很紧张，神情肃穆。记得 5 月 3 日上午，我们正在做生理实验，大家聚精会神地给狗做手术，忽然传来钱江大桥被爆破的一声巨响，我们才意识到解放军即将入城了。听到喜讯后，同学纷纷涌出校门去迎接解放军。当时还听到有零星枪声，是附近东街路（今建国中路）的一条巷中，还盘踞着一个连的国民党军不肯缴械。后来有些浙大学生会同居民冒着战火去劝降，他们也就放下武器，举着手出来了。当年杭州市庆祝解放的游行，声势很浩大，浙大的队伍又走在前列，大家兴高采烈，心情同过去罢课游行截然不同。

（七）工读互助、自力更生

杭州解放初期，美蒋敌机时常来轰炸杭州电厂和钱江大桥等处。当时经济形势亦很紧张，物价飞涨、市场萧条，很多同学的家庭经济状况有了改变，再加上学生公费制度又被取消，造成一些同学的生活困难。

当时的学校领导号召大家开展工读活动，创造一些收入，用集体的力量帮助一部分经济有困难的同学，以达到自力更生。当时开展的活动很多，真可谓“八仙过海，各显神通”。我曾参加过在钱塘江边公路上打石子、替中茶公司加工装出口茶叶的木箱、碾米、磨豆浆和做豆腐等项目。替公路局打石子是盘坐在路边，用带弹性的长竹柄铁锤，一起一落地将石块击碎成直径 1—2 厘米大小的小石子，做铺公路之用。只要力量运用得恰当，还不算太累，一天能打一大堆，但经常要躲避敌机扫射和骚扰。加工木箱是在工学院的木工场里，全都运用电动的锯、刨、开榫机等，效率很高，但要当心手指被锯掉。碾米是替中粮公司加工“九二米”，用电动碾米机将糙米碾成“九二米”，每 100 斤能出 93 斤，可得 1 斤作为加工费。当年我力气很大，能扛 200 斤重的粮包。做豆腐虽然用电磨，但点豆腐仍靠手法，成品豆浆由女同学于清晨分送给订户。这些工读项目我都是尽义务的，不取报酬。我们班的同学还有绘制教学用挂图，技术高、画得好时，每个月如能完成 4 张图（有限量），可挣 6 万—7 万元钱，够伙食费了。

经过一个多学期的工读，发现工读互助活动耗时费力，很影响学生的学习，后来有了“人民助学金”制度，也就不再开展下去了。

印象最深的是微生物学教师钮家琪指导我们制疫苗的事。钮老师看同学们搞工读很辛苦，就建议我们试制伤寒—霍乱疫苗，说此项目花费少，获利多，可以结合所学专业技术。当时我们班有10名同学参加，在钮老师的指导下，我们克服种种困难，终于制成了一批疫苗。当时市卫生防疫站推托说我们的产品不合格而拒绝收购。郁望耀、陈宜张和我三人作为代表，拿着样品直接闯进卫生厅去找刚从解放军部队转来的李兰炎厅长。李厅长听了我们的申诉，看了我们样品的检测结果（比防疫站的产品更符合标准）。他非常赞赏我们的活动，大力支持，立即批准收购。我们一共卖得460多万元（旧人民币），这笔钱作为互助基金，同学们交伙食费有困难或有其他急用时可以暂时借用，由郁望耀同学管理，我任出纳保管存折。到1951年5月，除了用去50万元买链霉素帮同学治肺结核外，还余375万元。大家一致同意，将此款捐献给抗美援朝购买飞机大炮用。那张银行的献金收据，我也一直保存到“文革”。1996年钮老师到大连访友时，我们谈起当年的事，还十分感慨。

（八）参加血防、支援解放军

浙江全境解放后，解放军准备渡海解放舟山群岛，在太湖里练兵（游泳和驾舟）。有许多指战员罹染了血吸虫病，严重的甚至已出现肝硬化和腹水的症状。1950年初夏，卫生厅抽调杭州市的医务人员、浙大医学院、浙江省医学院和杭州市卫校的部分师生，组成两支医疗队，分赴嘉善（解放军21军驻地）和宁波庄桥镇（23军驻地），为解放军指战员开展血吸虫病防治工作。当时我们班的同学因暑期在浙大医院还有其他的任务，故只有我们5人参加，姜起立、陈宜张和徐仁宝被分到嘉善，来匡逮和我去宁波。

我们在解放军中进行血防工作，收获很大，通过为指战员防病治病，学习和提高了我们的医疗技能，更重要的是在同人民军队的相处中，接受革命思想教育，提高了觉悟。

我们的部队驻地，在庄桥一座地主的大庄园里，有150多间房。庄园的谷仓很高大，20多间仓房一字排开，仓房前是青石板铺成的大晒谷物，可以容纳下1万多人。开血防工作誓师动员大会时，晒谷场内坐了整整的一个师，场面极其热烈，红旗招展，口号声和歌声不绝于耳。我还被指定代表学生医疗队员上台表决心，这种在万人大会上发言的经历，也是我平生第一次，终生难忘。

我们十几名学生，在10多天内就做完了这个师指战员的血、便常规检验和粪便的血吸虫卵尾蚴的孵化试验。这全靠组织分工得严密、科学。我们把工作分得很细，如采标本、测验、输送、登记都各有专责，分工明确，一环紧扣一环，工作有条不紊，效率很高，这么繁重的普查工作，很快就全部完成了。

接下来是对检出的患病者进行留院治疗。工作量也很大，我们一天忙到晚，难得休息，我们距离宁波市区虽只有七八公里，但我们一次都没去过。尤其是有一段时期里，每晚12点钟都必须准时去给病员抽血检查是否有血吸虫病的幼丝虫，常常搞得睡眠不足。我们当时是采用酒石酸锑钾来治疗血吸虫病的，这种药的毒性很大，注射时要求将手表摆在眼前盯着看，严格控制注射速度，必须在规定的时间内把药液缓慢而匀速地推注完毕。我们医疗队一次医疗事故都没有发生过，受到上级领导的表扬。

医疗队的任务圆满完成后，杭州市人民在新落成的人民大会堂开大会为我们庆功，立功的同志胸戴大红花上台去领取奖状，其热烈的场面，现在想起来仿佛就在眼前。

这次参加解放军血吸虫病防治工作的经历，对我们教育很大，大家思想觉悟都有提高。当时有些同学还提出了参军的要求，但都被领导婉拒（只有部分卫校同学被批准参军）。浙江省军区卫生部的许镇科长是带队的领导干部，他对我们说："你们医科的大学生另有任务，我答应过省卫生厅，要一个不少地把你们带回去。"

后来我们报名参加抗美援朝时，也因医学院学生另有任务而不被批准。直到临毕业时统统被卫生部分配去参加医学高级师资班培训，我们这才恍然大悟，原来我们早已被纳入发展医学教育事业的国家规划中了。当年全国有38所医学院的毕业班学生被安排进行医学师资培养，而且绝大部分是医学基础科，我们都服从组织分配，我被分配到中国协和医学院生理高师班培训。毕业后再由卫生部分派到大连医学院生理学教研室任教。

我没机会参加一心向往的解放军了，更不可能圆我一直想当外科医生的梦了，而是去当一名医学基础课教师，把一生献给祖国的医学教育事业。对于当年的这个决定和随后的经历，我是心甘情愿，终身不悔的！我到了晚年，回顾自己，一生都已献给祖国的医学教育事业。虽然贡献不大，但我始终勤勤恳恳，努力工作，从不追逐个人的名利地位，可以问心无愧于培育我的人民，无愧于培养我的母校——浙江大学。

对于当年教育我成长的母校和师长们，我心里充满了感恩和怀念，久久不能自已。

十一、回忆在浙江大学医学院学习时的点滴生活

张慈爱（35942）

我于1946年考入浙江大学医学院，1951年离开母校。在这漫长的连续5年的学习生活中，不知经历了多少学生时代的各种形式的生活历程。在此，我仅简要地叙述自己亲临其境的几个事件。

一是在新中国成立前的一段时间里，积极组织学生医疗队，全力支援当时学生会的学生运动。

当时医学院的学生会情况。由于1946—1948级三届学生中，每届只招收10多个学生。医学院三个班总计才50多名学生，当时认为医学院还未招收全部年级学生，所以学生会仅成立一个“年级联合会”（简称“级联会”。我们三个班很快成立了级联会，级联会成员由各班2—3名级联会干事组成，并从中选取一名总干事负总责。当时低年级的干事们很客气地推选我为总干事。

组织学生医疗队的原因。南京学生们在5月20日的学生运动中，被穷凶极恶的国民党特务用“中正棒”（一种钉有铁钉的木棒）打伤（即“五二〇事件”），因没有急救队及时进行妥善处理，造成一些不必要的创伤或后遗症。所以我们建议学生建立一支自己的医疗队，便于开展急救工作。因此学生会里“罢课委员会”的同学和医学院级联会商议，决定建立一支“学生医疗队”，全力支援学生运动，避免无谓的伤情。

积极筹建和组建“学生医疗队”的过程。（1）筹划医疗队：医疗队建立后，要有一个队长来积极筹划医疗队的组成和训练计划。由于当时医学院为7年制，前2年为预科，三年级刚上医学基础课，当时我们三年级同学只上解剖课、生理课等医学基础课，都还没有涉及医学临床课，大家对医学临床的认识几乎为零。后来经过三个班同学讨论，大家选我为队长——因为我父亲是医生。在抗战期间（初中期），由于老家温州市已被日军占领，我们逃避到温州乡下，父亲带些药品去乡下行医糊口。我曾跟父亲一起，帮他做司药、打针等工作，还跟他一起诊断一些病人。大家认为我还有一点看病诊

断的初步能力，这样我就当上了医疗队队长。另外，我是级联会总干事，也应负这个责任。经过级联会的讨论，认为当时浙大有工学院、文学院、理学院、师范学院、农学院、法学院及医学院等7个学院，准备每一学院建立一个医疗组，由各学院分别派10多名同学参加，进行医疗队的筹训工作。每组有一个组长负责。（2）组建医疗队：由于当时我们对训练医疗队没有经验，我去书店买来一本《急救书》，初次一看，内容复杂，有内科急救和外科急救两种，从当时情况看，内科急救可能较少，主要是外科急救，重点在外科创伤后的急救包扎等过程。当时学校医务室的李天助医师（医学院的外科教授）提出，内科急诊可以简略地讲一下，而外科急救处理很重要，其中包括骨折、外伤等的急救处理。根据急救内容，需要一些包扎的布带来进行包扎练习。学生会出钱购买了白布，按急救书中的讲解做出不同形式的布带以备练习使用。李教授总共讲了十几节课，课后我们进行包扎练习，由医学院的部分同学充当教练员，先教会每组组长，再由组长分别对各自的组员进行指导练习。医疗队除做训练外，还需要包扎的器材和药品，这些东西是请求王季午院长从医院中分出来给我们的。而包扎的急救包除了由医院分给外，还有从火车站取回的当时撤离的国民党卫生兵留下的几百个急救包，就这样解决了急救包的问题。但是每组还需要一副急救担架，经学校商议，由学校给每个医疗组发一副担架，从而解决了医疗队从人力培训到物资配备的全部需求。

医疗队的工作。每次学生运动出去游行时，医疗队都要跟随一起外出。令人印象最深的是，有一次国民党误抓6名学生，当他们通知学生会去接回学校时，学生会组织各学院学生做了充分的准备，包括游行时的宣传及排练小型话剧等。我记得当天出发时，几千人的队伍，每个学院有自己带担架的医疗组，在队伍两侧还有身体强壮的学生保护。当时我是医疗队队长，带了一个我父亲已用旧的出诊包，包内除一般内外科药品外，还包含可供急救的麻醉药品，父亲说那些药可防急救时的休克等。就这样，我带了这个功能不错的急救包，借了一辆自行车，在队伍前后进行联络。途中，队伍轮流唱着《团结就是力量》等革命歌曲，当时看起来这个队伍是磅礴不朽的坚强力量。虽然有一段马路两旁站了国民党军队，但他们也不敢侵犯这个强有力的队伍。终于，我们到了监狱门口，在接收同学前，我们在门口表演了小品话剧，印象中好像是《放下你的鞭子》等。最后我们接收了 6 位同学，经过庆春街顺利回校。

二是新中国成立后，有一件事情很多同学可能已经忘记——学校组织了一支“浙大医院接收组”（后简称“接收组”）。

学校成立接收组的原因。抗战胜利后，联合国有一支支援新成立国家的组织（包括团体组织等）来免费提供器材和用具等。听王季午院长说：申报免费提供一个 500 人的医院用具及器材等，但后来联合国只批了一个 300 人的医院，当时这样规模的医院已经算是一个大医院了，所有用具（包括病床等）及器材（包括各科室的医疗用具及手术设备、器械等）都如期交给浙大医院接收。而学校没有人员参加接收。因此，新中国成立后，学校派了接收组检查当时的物品是否如数交来。

接收组的人员及接收工作。当时学校组织的接收组共 3 人：学校外语系的张教授（代表学校，为组长）、解剖系王仲侨教授（代表教师）、张慈爱（代表学生）。学校指示接收组的工作：按前后次序检查联合国交来的用具及设备，并与医院库房的收物簿核对，明确物品是否如数接收等。当时我们 3 人在医院 2 楼东边的厢房内工作，房子很小，只够 3 人和一张桌子的位置。我们接收组人员商议后，每天上午取总分单据检阅，把物品数目记下来，下午去库房核对收入数量。医院库房由一名 50 多岁的吴老师（女）主管，有些物品数目不对时，吴老师提出在以后 × 月 × 日内账目补来（说明这位吴老师工作也很细致）。像这样大概检查了一个多月后，我们向学校汇报检查情况，学校认为没有大的错误，就让我们撤退了。不过，有一件事情我们可能还记得，医院给每个同学发了一顶很好的蚊帐。这是我们在检查单据时，单据上写好了医院医务人员与学生们每人发一顶，但我们发现学生没有发到蚊帐。我们去与王院长商议，每个学生也发一顶蚊帐。这个蚊帐质量很好，我们很多同学都用了多年。

三是感谢在校 5 年来一直专心教学、学识渊博的许多老师。这些老师们包括预科的数学、物理、化学老师及医学基础课和临床课的老师。我认为他们是为人正直、生活简朴的好老师。其中我印象最深的是生理学俞德章教授，他的上课笔记比教科书内容增加了很多具体材料，后来我在图书馆借到的不少最新杂志里有他讲的内容，说明俞教授上课前做了很多课前准备工作，毫不保留地把最新的知识传授给我们。此外，还有一位我认为上课方式最好的教授——贝时璋教授。他教比较解剖学，上课时不带教材，只带一盒粉笔，同时他还能记住上次讲课的笔记课题，下一次能依次注明这次的课题，一点儿也不错。他们这种认真授课和画图展示授课内容的上课方法，对我后来去大学任教影响很大。我会在上课前花很多时间备课（包括参考国内外的相同课题），这样丰富了自己的教学内容，让学生能掌握最新的知识，使我多次被评为优秀教师，还荣获“重庆市劳动模范”的光荣称号。我取得的这些微薄成绩与在校时老师们的教诲是分不开的。在纪念毕业 60 年之际，我由衷深切地感谢老师们当时对我们的那种无私的教授精神和务实认真的备课态度。

十二、浙大最值得怀念，校风纯朴，学有收获，同学们真诚相待

章燕程（35944）

我没有报考浙大，而是经过分配进入浙大的。抗战胜利后，我从安徽界首去大后方旅途中返回南京，就读于南京临时大学先修班，校址为原南京四牌楼老中央大学体育馆楼下医学院旧址，学生 600 多人，都为失学青年。当时中央大学还没迁回南京，这里曾被日本陆军医院占用。我们先修班学生吃的是善后救济总署拨的美国面粉，菜金自付，每顿都是黄豆芽烧豆腐。在暑假中，我有幸被分配到浙江大学医学院。当时浙大从遵义、湄潭迁回杭州，我接到通知后从常州老家到杭州报到、注册。注册后要重新考试，合格后才能算正式生。因为之前是在常州一小镇的中学就读的，对考试把握不大，心理压力很大。记得英语试卷中汉译英有“上有天堂，下有苏杭”的句子，代数试卷中有行列式试题。所幸考试勉强过关。选修这一步骤是在绿洋房（后称阳明馆）前的一排桌子前进行的，由李宗恩老师签字。我选修课中有德语一门，但被李宗恩老师划去了，他让我改选社会学，当时我也不便坚持。后来李老师去了北京就任协和医学院院长。

进浙大后，我们的宿舍经过几次调整搬迁。最早是由一位训导处老师带到工学院工厂平房内，当时已有许多老同学住着了，老师给我硬挤了一个铺位。之后经同乡同学帮忙住到浙江省图书馆楼下，和农学院的毕业班同学住在一起。之后又搬到一间大木房（这里以后又成为饭厅）。接着搬到丁一斋，和冯镇沅、祝轶白住一起。最后住到信斋，也是我们离校前最后一个住所。我记得信斋白蚁特别多，在交配季节，白蚁满屋飞舞，后来学校换了横梁，细看换下来的梁木已被白蚁蛀成葱管糖那样了，真叫人捏一把汗。住在信斋时，我和祝轶白、冯镇沅住在一起，祝轶白睡下铺，我睡上铺，冯镇沅睡另一床。老祝抽烟厉害，怕我们受影响，常到外间楼梯下去抽。老祝性情温和，从不发脾气。记得有一次，我要买手表，向他借钱，说好分 3 个月偿还，等还清时，物价已飞涨了许多，老祝什么也没说，真是一个厚道的老好

人。老冯交友广，活动多，功课根底好，我们同窗数载，受益匪浅。老祝喜看武侠小说，不勤换衣衫。郁望耀开玩笑时说，但见床头有武侠小说，床下有臭袜者，即祝公床铺。

进浙大后，给我印象最深的是求是广场上的费巩壁报，投稿后按原稿张贴，投稿人姓名受保护，不公开，这是唯一的一块言论自由天地。后来由于几篇触及当局的稿件，上面下令追查投稿人，学校也逼迫主持人交出名单，但学生会主持人坚持壁报承诺，结果学校为了交差，将主持人同学开除了。

浙江大学医学院办学按协和医学院模式，预科2年，本科6年。贝时璋老师讲课时，他那德语味很浓的英文给人以深刻的印象。实验课由胡步青、周本湘老师负责。二年级曾到华家池农学院听统计学，我们还修过体质人类学。

医学院基础课原设在子弹库。解剖学由王仲侨老师主持，实习课则由姜同喻（后去南京医学院）和王平宇（后任徐州医学院院长）两位老师负责。细菌学由钮家琪老师主持，寄生虫学由龚建章老师主持，生物化学由徐达道和唐愫老师主持，药理学由孙宗彭老师主持，生理学由李茂之和俞德章老师主持，病理学由陈履告老师主持。叔和馆建成后，医学院搬入叔和馆，子弹库即由法学院使用。

临床课中的妇产科曾由李瑞林教授（杨济时的原配）授课，但不久即由燕淑昭老师负责。骨科由石华玉教授和上海来的老师讲授。

（章燕程同学在2006年病故，徐英舍在翻阅1—14轮连环信时将他信中有关内容摘出，编辑成此文，本文题目即章燕程在连环信中的文句，供大家纪念和回忆。）

十三、回忆浙江大学医学院

柯士钫（35948）

1946 年秋，我考入浙江大学医学院。那时浙大在竺可桢校长的领导下，刚从 10 年（1937—1946 年）西迁路上度过了抗战的艰难岁月回到杭州，既要安排好原有 6 个学院，还要新建医学院，真是不容易。

我进浙大后先找女生宿舍。那时浙大的正大门在大学路，而庆春街上的为边门。正门进去仅先见一座旧庙，即昔日求是书院，其西为女生宿舍大门，宿舍有楼房和简易平房多座，由各学院混合居住。我最初被安排在有农学院学生的房内，后不断搬迁，记得曾住在面东的一间小平房内，搭了五六个双层铺，学生来自文学院、师范学院、工学院、农学院等不同学院，同挤一室，后来我们都成了好朋友。新生报到在旧庙中，而注册是在阳明馆前的白铁皮房中，那天是 12 月 12 日，正下雪，特别冷。女生食堂就设在旧庙里，吃饭有桌有长条凳，后来与男生食堂合并，有桌无凳，只能端着饭碗走来走去吃饭，后来倒也习惯了。

浙大最突出的房屋为阳明馆，阳明馆是一座多层的绿洋房，阳明馆前多为简易平房和白铁皮房。浙大环境则很优美，有静静的慈湖，有较高的钟山，山上高悬一钟，上下课以敲钟为号，山下有小溪，四周树林丛笼。慈湖南边有一座最漂亮的浙江图书馆，我们晚上常去抢位子自修，十分安静。

新中国成立前，学生运动不断，时常罢课，先有“沈崇事件”“反饥饿、反内战运动”，后有“于子三事件”，后者印象最深。浙大学生会主席于子三在 1947 年底至 1948 年初被反对派抓去并杀害，激起了全校师生的愤怒。1 月 4 日，全体同学决定罢课，每人身佩白花，手执纸旗和悼念横幅，整齐列队在阳明馆前的广场上，拟上街游行。忽见一群男人面目狰狞，手执木棍等，从庆春街大门冲入，见学生就打。学生会成员嘱女同学赶快避开，我们就躲进女生宿舍，紧闭大门。后来我们出来，见广场上纸屑遍地，一根狼牙棒上还有血迹。同学们再度集中商议，为减少同学们伤亡，决定在钟山下建立于子三同学的衣冠冢。同学们挖好墓穴，从男生宿舍出发，由 4 位男同学穿着白大褂，抬着盛有于子三衣冠的棺材，后面随着唱挽歌的同学，全校同学列队在校中缓行一圈后将衣冠棺材缓缓放入墓穴中，我们每人前去抓一把土撒向墓中，墓前有于子三的放大照片和写着“学生魂”的大白旗，最后是竺可桢校长严肃的、激动的讲话。此后“阳明馆广场”改名为“子三广场”。新中国成立后，于子三烈士墓安置在风景优美的凤凰山上，供万人瞻仰。

1949年5月初，一天晚饭后，王纯香拉我走向法学院的一个小天井，内有一些男同学和一陌生的中年男子在轻轻讲话，内容是杭州即将解放。后来我才知道这位就是以后任浙大校长的马寅初。

杭州解放了，我们才得以安稳念书。医学院的功课很多，2年预科的课程常与其他学院同学合并上课，如植物学就是与农学院同学一起听课的。不同的课程在不同的教室，如第一课在阳明馆下课后，第二课是植物学，必须快步奔向位于学校最东南的子弹库教室。我喜欢听植物学老师讲课，记得首次小考后，老师一一报学生姓名发放考卷，当他叫到我时还问：“柯士钫是你吗？”我答是，感到很奇怪，下来一看批94分，并看到同学们望着我边笑边窃窃私语，后来才知我得了第一名（哈！自吹自擂了！）。

物理、化学课常与理学院、工学院同学一起听课，我最喜欢物理老师曹萱龄先生的课，那时她还是位年轻漂亮的讲师，口齿清晰，讲课很有条理。

听贝时璋教授的比较解剖学感到速度太快，于是我和另一同学分工合作，一人画图，一人记录。我很欣赏胡步青、周本湘两位老师的实验课，感到轻松愉快，收获大。

1948年，念到三年级时，王仲侨教授教我们人体解剖学。由于我们是第一届学生，没有教具，王教授动员我们自己去掘荒坟找尸骨。王纯香和我商量好抽一个星期天到她哥哥处借工具并陪同一起去昭庆寺、松木场一带，那一带十分荒凉，荒冢垒垒。我们连掘3座荒坟才找到一具不完整的成人骨头，洋洋得意地回校，并到男同学处去消毒，最后把胜利果实带回寝室，早晚拿着骨骼对照书本学习，晚自修时常摸摸小骨头，隔壁寝室的文学院同学还以为我们在吃花生米呢！

读人体解剖学一定要有尸体，我们分到一具很胖的尸体，老师第一刀划下去，皮肤下是厚厚一层脂肪。下课吃午饭时，我感到恶心，咽不下了。上课时，老师将肌肉、血管、神经等一一分离出来，同学们围着看。下课了，大家都要复习，围在一起太挤了，效果不好。我和王纯香经常晚上去解剖室复习。

我们的寄生虫课是龚建章教授讲授的，黄天威先生负责实验课，常以标本抽考我们。一次抽考一张血片，高倍显微镜指针搁为一小颗东西，我答 LD（利杜体），而同学们全答 nothing。在教室外，大家议论开了，后来胡承洲老师让我再看时，我就没把握地附和大家的意见。但这恰巧是颗散在的黑热病病原体——利杜体。这次留给我很深的印象：看标本要仔细，认准后要坚持。

医学院的各科教师，我觉得都很好，待学生如子弟，而同学们的互助精神也是弥足珍贵的。我在念五年级时患了胸膜炎，张鸿典老师给我诊断和抽胸水治疗，使病情基本好转，那时一般没有特效药。一天，郁望耀捧来数瓶“雷米囊”，说：“这是我班同学送给你的，仅此数瓶。”当时我激动得说不出话来，只能说谢谢同学们。要知道这药当时是何等昂贵，一般人是买不起的，而这笔钱是同学们起早落夜画挂图得到的“工读”血汗钱啊！此事使我永远铭记在心！

我们平时功课排得很紧，但我还能忙中偷闲地找些休息时间以调剂生活。浙大附属医院成立后不久，在周六晚上大厅的方砖地上撒上滑石粉，不少老师、医生、护士在此跳交谊舞，当时正强调向苏联学习，我们部分男女同学很有兴趣地前来学跳。此外，有同学邀请我和严徵辉参加浙大合唱团，我俩虽不善唱歌，但亦可恬然自得地混在大合唱队伍中，使生活丰富多彩。

1950 年，抗美援朝到来了，那时我正在四年级末，学校里亦动员了，我认为这正是年轻人报效祖国的大好时机，就毫不犹豫地报了名。其他学院的同学闻讯后马上对我进行劝阻，说我还是个学生，不是医生，上前线只能当个劳动力，作用不大等等，可是我仍义无反顾。但后来中央决定不动员学生参加抗美援朝了，于是学生报名作废。今天回忆此事，不禁思绪种种，如果我战死沙场，就成为埋身异国他乡的光荣烈士了；如果我成残疾人或安全返国，则今天又在哪儿呢？命运确是很会作弄人的。

六年级，我班全体同学参加全国高级师资训练班一年，我被分配到寄生虫专业，去了中央卫生实验院华东分院（在南京），但我因病未愈，便推迟了一年报到。寄生虫病主要发生在农村，师生需要长期下乡，我的身体不适应，故第二学期转去上海第一医学院的寄生虫病高级师资班，1953 年分配到南通医学院寄生虫教研组任助教,1957 年升讲师，后调到浙江卫生实验院（今浙江省医学科学院寄生虫学研究所），仍经常下乡工作，先后升为副研究员、研究员。工作中共发表论文 40 多篇，获浙江省科技进步奖三等奖 2 个、四等奖 1 个，参与编著的书籍有《中国人体寄生虫病文献提要》、《内科理论与实践》（第二卷）、《寄生虫病化学治疗》和《浙江省寄生虫病防治史册》等共 4 册，为消灭人体常见寄生虫病贡献了一份力量。

1957 年底，浙江卫生实验院从孩儿巷迁入老浙大内以阳明馆为主的房屋，其时老浙大已被许多单位“瓜分”。“文革”后期，我单位又搬至天目山路黄姑山路附近，此后与老浙大旧址未再有联系。如今走在庆春街上，连阳明馆都找不到了。

十四、新中国成立初期浙江大学医学院二三往事

徐仁宝（寄1）

我1948年9月从沈阳医学院转学到浙江大学医学院，1951年8月离校，这三年间最大的事就是全国的解放。

解放初期，我和班上部分同学一同参加了一些活动，如取缔买卖银圆的街头宣传，反对武装日本的游行，参加在临平举办的农村工作营（1949年暑假），报名参加军干校（1950年11月），报名参加抗美援朝医疗队（1951年1月），等等。对于母校老师，有三件事情，让我在60多年后的今天还记得比较具体。

龚建章老师解剖患血吸虫病的狗

浙江省解放后，解放军的官兵中，不少人感染了血吸虫病。1950年，我们响应浙江省卫生厅的号召，去嘉善或宁波为当地的驻军防治血吸虫病。我去了嘉善，从事检验和治疗工作。后来教我们寄生虫课的龚建章老师大概是从宁波来到嘉善的。有一天，我就看到有人牵了一只狗来，很瘦，肚子很大，龚老师就在空地上对这只狗做了病理解剖，我和很多人一起站在旁边观看。龚老师边解剖边讲解，引起了我很大的兴趣，特别是从门静脉用镊子拉出一条一条的成虫，给我的印象太深了。龚老师的这种因陋就简、因地制宜地从事科学、教学工作的作风给我留下了非常深刻的印象。

钮家琪老师指导我们做疫苗

大概是1949年下半年，在当时国家经济还比较困难的条件下，党号召工读互助以帮助经济困难的同学。为此，我们班上做了两件事。一是送豆浆，记得每天早起，到某处去拿一大壶豆浆，两个人拎一壶，挨家挨户敲门，把豆浆给他们倒到一个大碗里，送完后，回食堂用早餐。和我结伴的是班上的女同学，我记得的有王纯香，客户主要是我校的教职员工，我记得的有郁知非教授。二是做疫苗，记得是霍乱伤寒疫苗。这工作完全是在教我们

微生物的钮家琪老师的指导下进行的。他经常带我们到微生物实验室，教我们看菌落的生长情况，使我们学到了不少知识。20 世纪 90 年代，有个机会见到了钮老师，感到非常亲切。

陈履告老师做我的思想工作

1951 年 7 月，我们班开始了见习医生阶段，我在妇产科干得很有兴趣。半个多月后突然接到中央卫生部通知，我们班的同学都被调去作为高级师资班的进修生，我被调到中国协和医学院的病理高级师资班。离校前的某日，在大学校园的路上遇到了教我病理的陈履告老师，我告诉他我被分配搞病理时，他谆谆地教导我说：好好地学好病理，有了这基础，对将来做临床大有好处。这话我记了一辈子。后来我虽然没有做临床，但我和临床医生讨论问题时却感到运用自如、得心应手，和他们很有共同语言。

60 年过去了，老师们的言传身教永远留在我的心中。

第三编

连环信

一、连环信的发动与延续20年的运转

陈宜张

“连环信”是浙江大学医学院1946级10多位同学，毕业后分散在全国各地，相互用连环方式所写的一系列信件，时间跨度从1993年3月到2011年，信件总量达1000封左右。

（一）连环信的由来

结业分配后，同学们奔向四方。不知是谁提出来，后来得到大家赞同，希望在同学们之间以连环方式通信，以保持联系和相互了解，这一决定在1951年9月后得到实施。但通信开始不久，在中国大地上开始了“三反”“五反”政治运动，在某些城市如北京，则继之以“拔白旗、树红旗”的思想改造运动。在这样的政治运动背景下，也没有什么人再提出要把连环信坚持下去，因为这无疑会有搞小圈子之嫌，连环信便戛然而止。

连环信一停便是42年。1993年，上海的徐仁宝等同学提出，我们仍可用连环信的形式相互了解并联络同届同学之间的感情，于是自该年3月开始，连环信重新启动。启动前，先由陈宜张征求各地同学意见，大家均很赞成。随后又确定了信件传递方向为：由上海（陈宜张、徐仁宝）发出，经温州（胡之同、姜起立）、杭州（徐英含、王纯香、柯士钫、严徵辉）、重庆（张慈爱）、成都（鲍亦钟）、大连（来匡逮、冯镇沅）、天津（章燕程），再回到上海。42年过去，同学们的工作地点已非1951年时的地点，人员也有变化，其中戴知贤未读完医学院就转入文科，以后一直在北京人民大学工作，但因同为1946年级，从第三轮起参加了进来；阮光烈一直定居在香港，未参加连环信，但后回福州定居，在2011年前后也参加进来。早年史鸿璋已在上海因肝癌去世，郁望耀于1968年“文化大革命”中因不堪凌辱自杀，祝轶白去向不详（后来知道他已去世）。所以，1993年实际参加写连环信的是陈宜张、徐仁宝（上海），姜起立、胡之同（温州），严徵辉、王纯香、柯士钫、徐英含（杭州），张慈爱（重庆），鲍亦钟（成都），来匡逮、冯镇沅（大连），戴知贤（北京，第三轮后参加），章燕程（天津）等 14 人。

（二）连环信受到同学们的热烈欢迎

连环信大受同学们的欢迎与拥护。同学们欢迎连环信，不外乎以下原因。

一是每人所花时间及费用（一封挂号信）不多，大约半年时间即可了解全部同学的较全面情况。当然，在信息社会的今天，如果这帮老人们都能充分利用互联网，可能比连环信更为先进而优越，但事实是这些老人可以亲自摆弄电脑、发电子邮箱的不占多数，所以连环信这一方式实际上是有效而受人拥护的。

二是连环信的确传递了大量信息。这些信息对于回忆当年浙大校长竺可桢先生所倡导的求是学风，回忆浙江大学医学院创办时以王季午先生为代表的一大批科学家、医师，老教师筚路蓝缕、含辛茹苦的精神及师长们的教导；对增强老同学之间的感情，凝聚对母校浙江大学的感情、希望与期望，表达对当下国家大好形势的看法，有很好的激励作用。

连环信的确受到大家的欢迎，每当连环信未能按预期到达时，同学们便流露出焦急与期待的心情，甚至会打电话查问前面一站，何时可以到来。连环信当然还与其他相互联络的通信手段相配合，互联网联系便是其中之一。汶川大地震时，差不多所有同学都十分记挂成都鲍亦钟的情况，那就靠电话联系了，当时，甚至尚未参加连环信的身居香港的阮光烈也焦急地用电话向其他同学查询鲍亦钟的情况，就是甚好的一例。

（三）连环信的保存与停歇

开始时他们曾经设想，当下一轮连环信到来时，各人就自动把本人上一轮内容取下，以免循环信越滚越厚。但有人考虑到，14 人的手写原件，将来说不定还有一定价值，所以委托陈宜张把各人的亲笔原件保留在上海，仅以复印件传阅。就这样，1993—2000 年的 7 年中，共有 14 轮（匝）连环信原件存放在陈宜张处。2008 年 9 月，在征得浙江大学医学院院史陈列室同意后，陈宜张把前 14 轮连环信交给院史馆保存，希望有兴趣的同志能够浏览它，知道发生在 1993—2000 年之间的这样一件事。

从 2000 年直到大约 2013 年，连环信一直在运转。到了后期，连环信的运转也遇到不少困难。例如，年纪大了，到邮局去送一封信，就是一件费力的事；记忆力不好，曾经有过一次连环信丢失的情况。

人员情况也在不断变化，2007 年章燕程去世，2008 年严徽辉去世，到 2008 年 7 月，只有 12 人保持写连环信了。2012 年以后，阮光烈、张慈爱、王纯香、姜起立、鲍亦钟、胡之同、冯镇沅、来匡逮等老同学先后谢世。大约在 2013 年，连环信便停了下来。

（四）连环信被《钱江晚报》报道

2019 年 5 月 21 日，《钱江晚报》报道了“浙大毕业的这群医学教授的连环信”。这件事的发起主要应归功于老同学严徽辉的儿子——马衡的推动，没有他的努力，可能媒体也很难了解到有连环信这样一件事。《钱江晚报》的报道引起了社会的广泛兴趣，有出版社通过《钱江晚报》找到马衡，希望能够出版，频频与我联系。为此，马衡做了踏实、细致而出色的工作。但最后未能成功。

行笔至此，不免又令我回想起当年在浙大读书期间老同学之间的种种往事。我们同班同学 15—17 人，现在还能够相互通信的只有 5 人了。所选连环信内容虽然主要限于 1993—2008 年，但信件所反映的是我们之间的友情，都是些 1949 年新中国成立以来 70 年间的事。我想，我们这些老同学们和他们的子女们，一定会因为连环信能够出版而高兴。已作古的，包括参加和未参加写连环信的老同学们，也一定会和我们活着的人一样，为我们伟大祖国能像今天这样繁荣、强盛而欢欣鼓舞的。

陈宜张

2019 年 6 月 12 日初稿；2021 年 12 月 20 日七稿

二、连环信选录（1993年3月至1993年7月）

第一轮连环信

陈宜张（未保留）

徐仁宝（未保留）

姜起立

胡之同

徐英含

王纯香

严徵辉

柯士钫

张慈爱

鲍亦钟

冯镇沅

来匡逮

章燕程

④

教　案　纸

宜谦兄：

来函悉。

关于老人家在杭建墓一事，去年钟英兄就曾谈起，据说在浙医大校庆日聚会，我曾争取如约前往，因到者寥寥，而未能如愿。

今年初接到你给我的新年卡，得知你们有此意。并问我"有无住杭州老人家的条件"。因我在杭无亲戚，住老人家估计也不太可能，所以我在给你的新年卡上仅简略地说了一句："我不具备你所讲的条件，届时须另行设法"。仅此而已，别无他意。老人家墓事，实属难得之事，届时如无特殊情况，我当前往。

此次，谦兄嫂夫人回温州，都未能谋见，实为憾事。你处可否有谦兄嫂的通讯邮码与地址？如有，请告知，是盼。

给胡之同兄的信，我已转交。

寒假期间，因我女儿病重，我需与我内人到上海住了一段时间，因走不开，所以未到你处拜访，希见谅。

向仁宽兄问好。

弟 [illegible]

93.12.7

92

⑤

温州医学院附属第一医院

宜张 师兄
仁宗 师姊：

93.2.6寄起云转我的信已收到。分别40年的同学能够聚一下确是有意义的好事，只是眼下有点力不从心。(1)温金铁路到92年底才开始兴造，目前长途汽车很不正常，经常路阻，原来11小时，现在要18小时甚至20小时，(2)起云和我年龄已大，恐难经受长途折腾。(3)小外孙自己父母新近搬到较远住宅，原就读的小学离我家近，要我和老伴一同照顾。

92年10月(2)张慈爱回温，曾到温医来找我们，因不知道我的地址，就到温医人事科去查询，人事科介绍张去找陈志康，陈约张次日下午到他家，嘱我去陈家等张，等了很久张未来，后来他家里电话说张患感冒，但第二天就离温，陈没有问起张家地址，我未能拜访张，如你知道张现在通讯地址、邮政编码，盼望来信告知。

严徽娟好象退休较早，前七月我曾去看望她。鲍希蓬近况怎样，在念。浙医大十多年前印过一本校友录，我们班的同学只几个人有名字。

地　址：温州市公园路　电话总机：222981　电报挂号：1825　90.10：1000本

⑥

温州医学院附属第一医院

温医一院在92年开始兴建17层（连地下室是18层）大楼，还有一幢门诊大楼是台胞捐资筹建的。居民新建已完成，90年我校6个老教工退休前原说一律不返聘，后来上面文件说，不增加30名工资，所以又返聘了，我每天上午到附一院10点钟离院

我身体还好，只是常有耳鸣，ENT医师说是脑动脉硬化。您俩身体可安好，为念。在国外的孩子也好吧！

赵之的宿舍要拆（旧城改造），指挥部已逐户查过了。（二三年时间生活要艰苦些。）

来信总寄温州市学院西路111号、一幢301室，邮政编码325027

敬祝

健康

弟 胡之同 上

93.2.19.

地　　址：温州市公园路　电话总机：222981　电报挂号：1825　90.10.1000本

浙江医科大学便笺

各位学长：

分别40年，终有机会欢聚一起，为我等人生不可多得的机会。从我现在情况来说，尚未退休，还有教学任务，[illegible]一下。[illegible]。今年刚从北京参加全国[illegible]会议回来，[illegible]来信，[illegible]。今年5—6月[illegible]，[illegible]。请大家[illegible]，[illegible]，信函一封[illegible]，[illegible]。[illegible]，[illegible]。祝

[illegible]！

[illegible]

93. 4. 5.

⑦

浙江医科大学

各位学友：

我已退下来，不过仍在老地方工作，工作也比较轻松，也有些空出来，与过去忙忙碌碌，好过些了。

上个月与先生出外走了一圈，去年我们去过大新疆一趟。下半年如何，未能确定，只好到时候再定。我现在只去工作，其余休息，算是了工作最后阶段，不能算不尽力了。

你们在去年来杭州，我有个路线的建议，我一般情况也很少出去，只在西湖边散步附近。家住[illegible]，下班就回去吃饭。高中同学校友来杭州只是偶尔经过。章燕娟、陈惠孙、胡二同、骆蔼菊、邵[illegible]向、李[illegible]代我问好吧！我们在医学院大，未能参加[illegible]阿、[illegible]

祝你们好

[illegible]

93.5.7.

浙江医科大学杭州分校

各位老同学：你们好。

四十年来，我除和宜时仁宝夫妇见面数次外，其余在外地的各位，均未见过面亦未通音讯，甚是想念。

回忆我们在一起时，都是二十几岁的年轻人，现在均已年过花甲接近古稀的人了，想来真如梦一般的连自己也难以相信已是一个地道的老人了。

我为了孩子退休较早，但一退休即被医大分校返聘直到目前。分校对我很好，教研组的同志对我很尊重很热心，因为全校教职工不多，因此对我这样一个特殊身份（与他们不同）的人，大家对我都非常友好、亲切。我的确失去了一些，但也得到了不少，而且我的大孩子在医大工作得还不错，年年评上先进，我也觉得欣慰。大儿媳在市防疫站，他们有一个女儿。我的老二也是男孩，农大植保系硕士，现在深圳，二儿媳在香港，他们的儿子就一直放在我们身边，现已小学四年级。我们的小女儿医大毕业，在浙江医院内科，女婿是学建筑的，目前在新加坡，有一个二岁的男孩，由一保姆带领，三口子均住在我们这里，家里显得拥挤零乱，我也增加不少家务事，感到疲累。我们老俩口身体还算过得去，但年令不饶人，许多事感到力不从心。

宜时仁宝发起的老同学聚会，我希望能来的同学一定争取能来。时间看来要在下半年了，十月份如何？

见面时再详谈吧。　祝各位

阖家欢乐

尹徽辉 93.5.25

(9)

浙江省医学科学院

ZHEJIANG ACADEMY OF MEDICAL SCIENCES

老同学们，你们好！　离开大学以后，除了未见过张慈爱外，其余各位学长尝多多少少见过面，但一般机会很少而且期期遥远。的确非常想念大家！

想想都已烦最可惜，过早的离我们而去。张慈爱经历坎坷，但必有后福！唉！都是时代的牺牲品！过去的就让它过去吧，让我们活着的安度晚年！我们都是做爷爷奶奶外公外婆的人了！　1954年我在南京进修时，魏乾尔曾来看我，但以后未无联系，只知他已调离南京。1989年我去成都开会，根本不知魏乾尔在成都，回杭后，王纯香说起魏乾尔问我为何不去看他，真太遗憾了。胡之同说曾看望我，可我记不得了（对不起，老了！），是否是50年代的事？也记得1982年我去天津，章逊程不认识我了（数十年未见，难怪）。听说阿牛在香港，借不到他地址。数年前有一次冯伊伉来访（时该校尚未迁大连），提及回去后将写连环信，我们是一直在等，现在分头由宜贞、仁宝的发起信，这方式很好，可使循环的时间长些，也多少可以加强彼此间的了解。只是我们的信纸薄些，字写小些（需戴老花眼镜看），否则以后来信越来越厚，邮寄困难。也希望一次循环结束后，第二次循环继续下去（只是怎么叫一次循环结束？从宜贞、仁宝开始由他二人终恐不能结束，因以后两封的内容我们不知道）。

说说我自己吧。由于1989年起我单位模范执行上级指示，女同志（不问职称）一律55岁退休，我就属退休之列，但因课题未结束，又返聘二年。至1992年我不想再接受返聘，就基本在家，家务事倒也不空，另外看看书报，每天做气功锻炼身体。除了1978年曾患视网膜剥离（即动手术修复，视好）外，身体还不错。今年3月下旬，和老伴徐崇炯一起去加拿大，他是受聘协作课题，我则纯属旅游，然后去香港观光，由深圳返杭，历时近二个月。开了眼界。加拿大不错，地大物博人少，都彬彬有礼。而我国最大的困难是人口太多。　我原来在大学路的住房早已拆迁，现地址为：310014　杭州朝晖新村6区（浙江工学院宿舍5-201），欢迎老同学们来玩。

徽辉转来的信，昨天才到我手中，住得远，我们也不大见面。王纯香离我家近，有事就可碰头，徐英舍常和徐崇炯在一起开会（省政协、省民盟），故也常知道一些情况。老同学们如能聚会多好，希望大家都能来，很可惜（如姜起立他们）没有抓住去年校庆的机会。不能再写了，祝大家身体健康，诸事如意，家庭幸福。

柯士钫　93.6.9

(10)

渝州大学用笺

各位同窗学友：你们好！

首先要向姜想之、胡之同两位老同学道歉，因为去年我趁去南昌参加国际会议之便，到温州探亲，但不知姜、胡两兄的住址，后在温医人事科遇到许志康，他由于当日开会，准备次日设宴款待，可惜我第二天因旅途跋涉，不幸患重感冒，高烧未退，卧床不起，未能赴宴。此事我已写信向他们致歉，在此请姜、胡两位学兄谅解。

这40年来我要说的话最多，但由于篇幅有限，只向老同学汇报一下主要情况。我40年的坎坷经历可概括为三句话：政治上受压迫，经济上受剥削（至今未补），精神上受摧残（这点后果最严重）。这三句话是重庆市北碚区卫生局书记给我平反时的总结，我认为比较符合实际，故以在此着重介绍。此外我以为更为重要的是业务上遭夭折。二十年来由于左的思潮影响，个别好友、老同学见到"右字"无不敬而远之，实在令人伤心，有时只能暗暗流泪，无处诉苦。现在总算雨过天晴，但有些损失是无法弥补的，加之我的运气不佳（过去来不是天神论者，这说的话，但事实如此），以致目前蒙得个"副教授"就退休了。那20年我都在基层医院当临床医生，无名无利斗争，但也得到不少，可以说把我锻炼得更坚强了，我的学识反而更丰富了。因为一个病理学者能有20年临床经验，恐怕在全国甚至全世界都是少有的（自吹自擂）。79年平反后，调到渝州大学医科部任教，10多年来先后共教了10门课程以上（可称之为"百草膏"教授），除医学基础课（如病理学、解剖生理、组织学、运动解剖、运动生理学）外，还教了多年外语课（如医学专业英语、生物专业英语、食品专业英语、公共英语、甚至拉丁文注音入门等），在多次被评为校先进，

ch002.326.914　　电话：663746　　邮编：630033

⑪

渝州大学用笺

或优秀，88年又被重庆市人民政府评为"市劳动模范"称号，这大概就是我工作上的"台阶"吧！90年退休后，学校返聘为学报（自科版）主编，但我的文字基础可以说是全编辑部最差的一个（从这次循环信中可看到同学们的字写得比我好多了，我20年来没有正式提笔，只是每天在病历上随手画葫芦，有的字连自己也认不清），加上自然科学版（包括数理化、生物、无线电、自动化、机械等）多学科的文章，还有外语摘要，我担了文字总审，看起来很外行，不过经过3年多的努力学习和锻炼，总算胜任了编辑工作中的各个环节，把学报办得初具规模，91年学报被评为重庆市科技期刊二等奖，这可算是我退休后的"功绩"了吧！

近年来老同学间的往来情况如下：86年我随重庆市总工会组织大学优秀教师疗养团赴北京、大连，看到来自重庆的沈镇、沈两位，来访日程紧，席间尝到来夫人的江南佳肴。我都熟悉的曾多次见面，至今回忆，他老两口住一起，生活不错。92年去南方路经上海，到黄浩然家，承他们热情招待，特此致谢。李燕群去年曾来信，她因料理家务不一定来杭聚会。今年5月去北京出差，在人民大学找到老同学戴智贤，她在党史教研室，并来旅馆看望我，她表示如今年在杭州聚会，一定通知她，有意参加。

我现在有女儿一家，各自都有一个4口（加一家），故实在小家真够呛。她们都各自有住房，我和老伴同住一套房子，虽不算宽敞，但也过得去，老同学们如有机会来渝定来寒舍下榻叙旧。住址同重信先在前面说了，总不变（因为宜信不必取信之后请看前面）。

我赞同循环信方法是每次每人把自己前一次写的内容取下，加上新的内容，这样大家每次都能看到新材料，不致因看写的内容而看不到，不过必须按规定循环寄出。关于杭州聚会10月份可取，请提前通知我。 [illegible] 93.6.19.

ch002,326,914 电话：663746 邮编：630033

住址：630020 重庆市江北区观音桥小苑二村41号6-2（电话754939上班时间呼04）（6楼2号）

办公地点：630033 重庆市沙坪坝区先锋街 渝州大学学报编辑部 电话963746转64

⑫

各位老同学：你们都好。收到来信，兴奋之极。宜
说这个主意太好了。我们这一班，像是母亲改
嫁了的子女。浙大、浙医都并没有把我们当成
校友。我在成都因了需会见协理。听说不少浙
大工学院的老同学（王承照）可以参加了浙大
校友会。好像北京朱颜他们也参加浙大校友
会，王季午老院长，或许早把我们这班忘了。
我是61年被调到这"天府之国"成都的。四川并
不坏，物产丰富都不错。只是被极左思潮毒害。
譬如反右，毛爷爷说百分之一、二、三，于是右派就
按比例分指标。我不到就抽签决定。这就是总
爱讨遭遇的必然结。幸而我是反右后才来。不
然也在劫难逃。敝座20万户也是成都"红光"公
社的作品。文革武斗四川也最凶。像我这样有
海外关系（我爷爷在台湾），当然只好老老实实
夹着尾巴做人。廿年来，我手拿手术刀，真是如
临深渊，如履薄冰，战战兢兢的过日子。实在
太苦了。去年退了休，再也不想什么工作。又

第　　页

镇沆：宜诚给的来匡地址不太清楚，怕寄不到，先寄你，你再转给他，并把详细地址写下来。 13

正两个男孩子，都已成家立业，都已另立门户，家里就我们老两口，每星期全家聚一次，吃一顿。去年接到继舜来信，约我去杭州一聚，当时我已出发去武汉找二个家过年，随后又去广州、深圳转了一圈，回到广州又到几个中学同学，约我去贵阳玩，所以去年春天就在南方一带转了一圈，还打算今年春天回老家给照封一封，顺便在杭州看看。（本来我该说是回母校看看）但我们的母校又在那里呢？浙大还是浙医？不幸我在二月底得心脏病发作（心肌梗塞）差点送命，所以今秋能否去杭城，只好到时再定。我们班有些学生已是忘死，文华胡问我去上海见到过史鸿亭，他也很不幸，听恋爱说他也去世了，真是世事沧桑，令人长叹！我提议每人在信中附一近照，先让大家看看当年的老相。我这就是在贵州黄果树照的，这样我许要用特大信封寄（我像多少色寄）。但这又有什么关系呢！就此打住，祝身体健康长寿

93'6.26

宗鲍钟

~~有关知道院长到和能邀面~~的地址，望告知，请宜诚代定联系地多人的通讯地址偏印一下

第　页

装　订　线

Ch100.4014.02.12.1650石花

(14)

大連醫學院

冯 P.1.

诸位学长：鲍兄寄来盼望多年的连环信，得知诸位的近况，极为高兴！回忆40多年前我们五载同窗共聚的情景，恍若眼前。而今望耀兄和鸿璋兄已作古，匡逮、慈爱、仁炎和我这几个班上年纪最小的亦已过了65岁，往事如烟，令人百感交集，无限神往！ 宜张兄等倡议我们大家在杭州同聚旧情一次，我很赞成，一定设法前来。犹忆我们51年离杭前不久，大家都骑着自行车，前呼后拥，绕西湖一周意气风发的情景，如今已不能再了。这次如能团聚一番，恐今生亦不敢奢望还有再度的机会了。我在杭州有弟妹，自己可以安排住处。时间如能定在九月末或十月初较好，届时天气较凉爽，有教学任务的几位亦易于抽身。外地来的学长如无亲戚家可寄住时，可以在老同学家挤一挤，或请母校解决几天。西湖边的宾馆价格太贵，恐非我辈"穷教授"们敢于问津也。

我自53年协和生理高师班毕业后分配至大连医学院，一直从事生理学的教学科研工作，直至90年10月退休。其间'69年5月我院内迁至贵州改名为遵义医学院，我和匡逮兄在遵义达16年之久，直至'85年方回大连（大连医学院是'78年复办的，我们内迁教职工经过黔辽两省协商同意，绝大部分均于84～85年调回大连医学院，但大连医学院经这番折腾，元气大伤）。我退休后于91年1月起在大连开发区我院的附属三院从事按摩医师的工作至今已两年半了。因我平日对针灸和按摩医术有所研究与爱好，治好了许多病人（如肩周炎、颈椎病、腰椎和膝关节、足跟的骨质增生、腰椎间盘突出症等等），所以能干干我们毕业后一直不能如愿的临床治疗工作，而且取得较好的成绩，这也是一件较愉快的事。可惜年事已老，按摩工作还是很费力的。我打算今年秋之际辞去这份返聘的工作，真正过几年退休生活。各位学长如有这类疾病，将来相聚会时，我当为您效

⑮

大連醫学院

冯 p2

劳。我的爱人张慧云同志长期来一直担任大医和连医附属医院营养部主任，现已60岁，退休4年多以来仍返聘在大医附属二院营养部工作。我的长子冯卫东是63年5月生的，现留在贵州遵义钛厂当车工，他喜欢在遵义的生活，84年回大连后不习惯半年后又调回贵州（当时我们家尚未迁回大连）。长媳是他同车间的工人，添了一个小孙女盈盈，现已4岁，十分可爱，可惜不在我身边。次子冯晓海（68年6月生）在我院附属二院内科实验室当检验员，尚未成家，同住在一起。仁实和燕程学长都见过他。我住在大连市[116023]沙河口区孙家沟、（星海公园附近）大连医学院宿舍15栋504号，离医学院步行约15分钟，离海滨约5-10分钟步程。住房为三室一厅（约39m²）。欢迎诸位学长来大连旅游避暑。慈爱和仁实学长到过我家。我现在身体尚可，还是那么胖。去年一月发现患有糖尿病，经控制饮食和口服消渴丸一个多月以后，血糖和尿糖均已恢复正常，但仍一直严格控制饮食至今不懈，每餐只吃100克粮食，每天300g。严禁含蔗糖蜂蜜等的甜食，效果很好。诸位倘若患糖尿病时，控制饮食是一条重要的经验，值得推荐。自52年离开母校后，一直没有与铭兄见面的机会；光烈兄和铁白兄则自53年他们（在天津学武术）来北京时共游天坛后，一直未曾重聚，非常想念。78年冬最后一次见到鸿璋兄时，他告我阿半在福建医学院核医学教研组，后来我曾去信探询，没有回音。铁白兄听说是回江山老家做医生了，亦一直不知他的下落，现在武侠小说那么多，他一定躺在床上大看特看了。是否可通过母校请在江山的校友打听一下？其他各位学长最后一次见面的时间，我记得是：燕程兄——63年夏；之同兄——73年冬（母校内路上）；微辉姊——78年春；慈爱兄——86年夏（大连）；在杭英含兄、纯香姊、士钫姊则为89年春节。宜张兄是88年春节。最近的一位是仁实学长（来大连时）。89年家母逝世后，我未曾有机会回杭，所以同大家见面的机会更难得了，实在非常想念你们，希望这次能见到大家。会期决定后盼及早见告，以便做好安排。敬祝各位学长健康长寿！阖家幸福！万事如意！

遵铭兄之嘱，附呈照片一帧，（三年前在学院内摄的）仍是那么胖。

冯镇沅　7月10日

第 16 页

诸位学友：

四十多年前见到过"连环信"。现在，65岁时又读到了。回首往事，百感交集。过去因为每隔五六年天下大乱一次，好不容易才过来。近年政治环境宽松些了，知识份子稍能展其所长了，可惜美人迟暮，叹老之已至。过去的事，不谈也罢。比较起来，我与诸位中在1957年前见过面的较多，以后直至1990年也还与好几位见过。蔡宜张倡议聚会杭州，我极赞成，但能否参加要看具体时间而定，因现在尚未退休，身不由己。不过下半年比较空，还是走得开的。交通是一大问题。我只能飞机直达，但不久前机票暴涨，与洋人"一视同仁"，不知是否在"承受能力"之内。倘钱多，诸位所在的城市，包括温州，我都可"飞"往的，何况杭州。因我在9年前不慎跌断股骨颈，后来又发展为股骨头坏死，现在走路离不开手杖，有跛行，轻重不等，所以怕拥挤，怕被人撞倒。出远门尽可能避免，非去不可时，只可乘直达车或飞机。游览观光之类活动，心有余而力不足。看来只有终身遗憾了。另外，我的爱人已于去年六月逝世。本来她的身体看来极好，性格又爽朗活泼，永远精力充沛。突然于90年初发现患有肺癌，不到一年又发现骨转移。苦苦挣扎26个月之后，终于不得不离开她热爱的人世。此事给我很大的打击，不难想像。生活也就大变样了。总算还没有一蹶不振，仍旧艰难地活下去。还有几件未了的工作，做完之后，想退休了。因为外出不方便，在家只能读闲书、听广播之类消遣，大概免不了无聊寂寞，到时候再说。90年10月冯兄已退休，我则延聘至今，也到了该退休的时候了。父母已于前些年先后在杭谢世，爱人又不在了，以前打算退休后回杭州，现在虽还有可落脚之处，但已经不想去久住了。找个籍口，公费去出差（87，88年各去过一次）一次，还是做得到的。因为与浙医大郑树校长有过工作联系，合作一项研究，还没有完成。

就写到这里。下一轮再谈。

来匡建

1993年7月18日写

大连医学院原稿纸　　53228·904　　20×20＝400

⑰

天 津 医 学 院 信 笺

各位学长：

连环信到我这是最后一站，有幸看到各位近况，不胜感慨！40年过去了，真是弹指一挥间。同窗好友除郁学耀英年早逝外，其它人都已进入晚年。大家都是文革开始就遭难。从科研处长一下子跌到低谷，心理承受不了。倪铁南在浙大和我住上下铺。复课闹革命时上海铁道医学院曾找过他，但一直未回信，现在不知近况如何。陈某某是去南昌开会时，由我校与会的人捎来名片，才开始通信。阮光烈在香港经商，可能是经销医疗器械和化工原料。前些年曾有信来，最近地址改了，联系也中断了。回顾以往生涯，浙大的情景最值得怀念。校风纯朴，同学们真诚相待，学有收获。就是生活艰苦。不知老冯还记得不，晚上到小店里喝三分钱一碗的肉骨头粥。校门口食品店买酸樱桃橄榄，一次只买一个，还吃得津津有味，我记得是王纯香起的头。从附属医院回大学路每人买一个。听说以前住的智斋等宿舍已经改为卫生局招待所了。不知叔和馆的主人是哪个单位。我们在叔和馆时迎来了解放。

我于去年8月退休，返聘一年，可是流年不利，今年二月中旬因糖尿病并发脑血栓，住进脑内科，后又转内分泌糖尿病房，前后住了4个多月，6月中出院。现在脚腿走路在转弯时不够稳，需手杖保驾，现在成了三条腿。左手拇指食指指尖感觉仍未恢复。现在要在家修养，每天在校园内散两次步。我已于7年前迁入校内宿舍，吃饭主食从校食堂买，自己做点菜。两个男孩不和我们住在一起。我爱人已退休，老两口互相照应着过。我得糖尿病已7-8年了，最初是控制主食量，以后加优降糖，后又加降糖灵

地址：和平区气象台路　电话：33.2691-4　　　　年　　月　　日

18

天津医学院信笺

都逐渐失效。本想今年暑假住院治疗，没想到发生了合并症，现在靠胰岛素控制，每天打三次，共60单位。看来今后只能深居简出，在家休养了，外面的许多会也都不去了。今秋杭州聚会恐怕要缺席了，请大家原谅。按照规矩附上照片一张，是前年在青岛崂山拍的，希望能见照如见人。向大家问候！

这种信希望能继续下去，当第二轮时将前一轮自己写的信收回就行了，这样不致愈来愈厚。

当初进修高师班时，大家都在北方，我一人在长沙，现在大家在南方，我却到了天津，一住40年也成了"天津卫"了。入乡随俗，北方冬天有暖气，夏天不太热，逐渐适应了。天津有浙大同学会，每年4月聚会一次，人数不少，以工学院的多。浙医在天津的有杨露春、胡文芝、许尔恰和我4人，我们都参加浙大同学会的聚会，能从中得到些杭州的信息。

希望大家路过天津时能下车，我住在校西华福里二号楼一门402，家中电话35.2694转767，欢迎大家来。

即此，祝大家

健康快乐

章燕程 93.7.21

地址：和平区气象台路 电话：33.2691-4　　年　月　日

三、连环信选录（1993 年 8 月至 1994 年 1 月）

第二轮连环信

徐仁宝

陈宜张

胡之同

姜起立

徐英含

王纯香

严徵辉

柯士钫

张慈爱

鲍亦钟

来匡逮

冯镇沅

章燕程

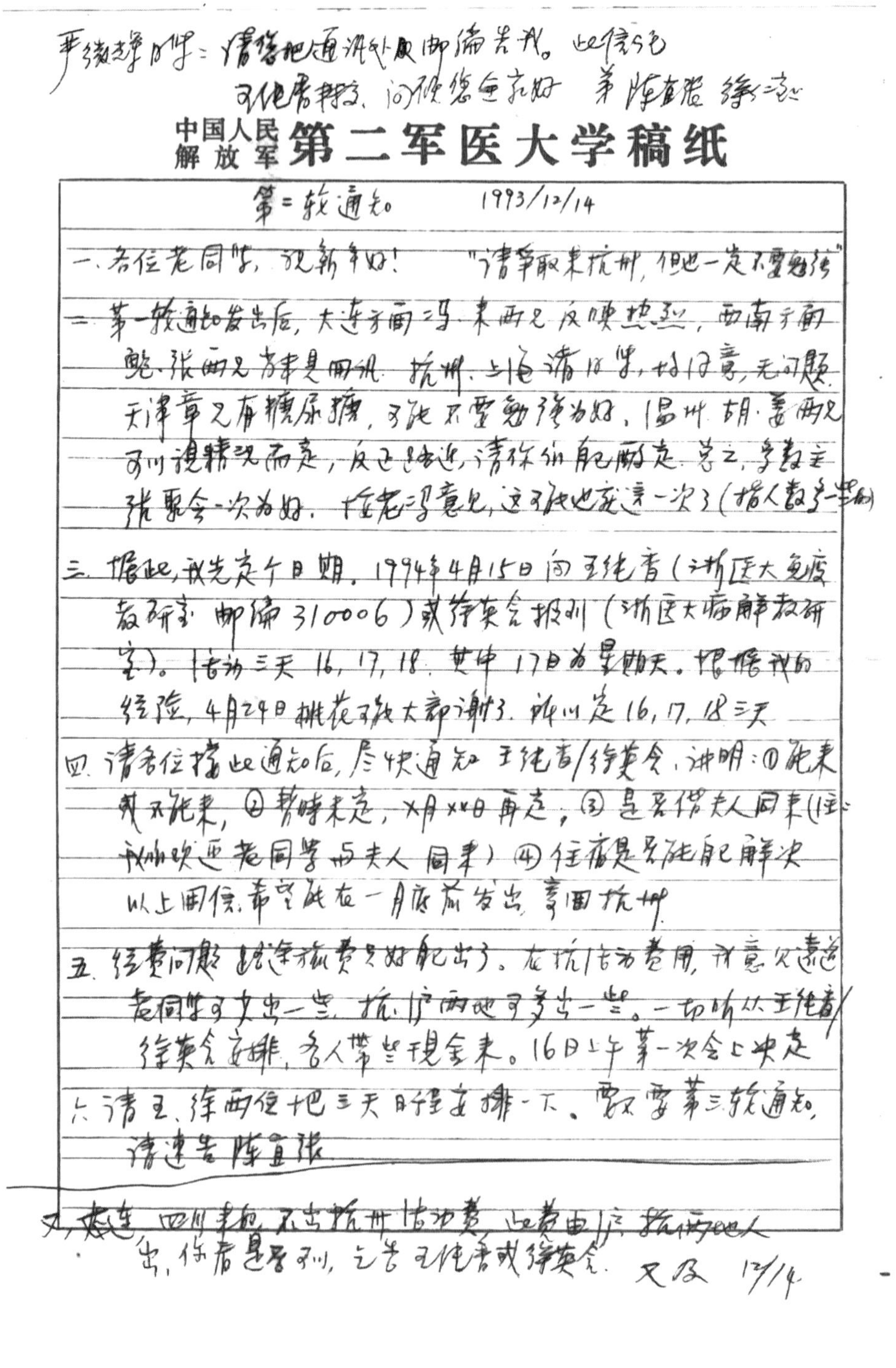

严徽达学同学：请您把通讯处及邮编告我。此信已
寄王纯青、许英奎，问候您全家好 弟 陈宜张 缮之

中国人民解放军第二军医大学稿纸

第二轮通知 1993/12/14

一、各位老同学，祝新年好！ "请争取来杭州，但也一定不要勉强"

二、第一轮通知发出后，大连方面冯、东西之反映热烈，西南方面鲍、张两兄方未见回讯。杭州、上海诸同学，均同意，无问题。天津章兄有糖尿病，可能不要勉强为好。温州胡、姜两兄可以视精况而定，反正路近，请你们自己决定。总之，多数主张聚会一次为好。按老冯意见，这可能也是最后一次了（指人数多一些的）

三、据此，我先定个日期，1994年4月15日向王纯青（浙医大免疫教研室 邮编310006）或许英奎报到（浙医大病解教研室）。活动三天16，17，18。其中17日为星期天。根据我的经验，4月24日桃花可能大部谢了。所以定16，17，18三天

四、请各位接此通知后，尽快通知王纯青/许英奎，讲明：①能来或不能来，②暂时未定，X月X日再定，③是否偕夫人同来（注：我们欢迎老同学与夫人同来）④住宿是否能自己解决

以上回信，希望能在一月底前发出，寄回杭州

五、经费问题 路途旅费只好自己出了。在杭活动费用，我意见适当老同学多出一些，杭沪两地可多出一些。一切听从王纯青/许英奎安排，各人带些现金来。16日上午第一次会上决定

六、请王、许两位把三天日程安排一下，需要第三轮通知，请速告陈宜张

七、大连、四川来者，不出杭州活动费，此费由沪、杭同学出，你看是否可以，已告王纯青或许英奎。 又及 12/14

二轮—①
II—①

中国人民解放军第二军医大学稿纸

各位学长：今天收到章燕程寄来的"连环信"，一口气读完了，回忆我们当年在校大时，风华正茂，如今都已是年逾花甲的老人，真是感慨万千。令人高兴的是，不管过去的四十年是怎么走过来的，今天我们大家都生活得比较幸福，特别是柯士防，到国外转了一圈。听说章燕程身体不太好，千万要保重。希望你的病情能一直保持稳定，并神经系统状况逐渐得到恢复。朱匡速的情况，我最近碰到一位大连医学院的老师（林坤伟）她也和我谈了一些。朱匡速的爱人我那年去大连，在病房见了一面，没想到那竟是最后的一面。当我知道她的逝世时，我非常难过，希望朱匡速同志能想开，不要过份难过，要保重身体。

我好像和老同学见面的机会多一些。七十年代以来，除了鲍承钟之外，我都见过面，而且除了朱匡速、叶慈爱、鲍承钟外，我还都到过各位的府上拜访过。记得91年的春节，我和玉琦还在柯士防家吃了一顿非常丰盛的午餐，柯士防的烹调技术极好。

我看"连环信"可以坚持下去，估计一年可以循环两轮，轮到谁就把上一轮自己写的拿掉。我也十分同意鲍承钟的建议，这第一二轮附上照片，我附上我和玉琦最近在江西铜鼓（去我们的亲家（家里去玩）的合影，这照片轮到最后一位~~章燕~~程处，不必再寄回，就~~送给章燕~~程留作纪念吧。

我尚未退休，因为"八五"我有一个课题，1995年这课题结束后1996年我一定退休。三个孩子，一儿、两女都已成家，已有一个外孙女。他们都在国外（多伦多、堪萨斯城、Austin），家中冷冷清清。人家说我们有福气，我不知这倒底算是有福气还是没有福气。好在我们两人目前身体还好，儿女在不在身边还无所谓。

一张纸写完了就此搁笔，祝各位老同学，身体健康，心情愉快（我认为对老年人这两点最重要，其他都是身外之物）。

徐仁宝 上
1993.8.4

诸位同学：各位所写的信，我均留下底笔，代之以复印件。
看过自己的复印件后，即抽毁自己的。底信均存我处，如何？

Ⅱ－②

直张 又及
93/8/7日

中国人民解放军第二军医大学稿纸

各位同学：第一轮连环信收到，大家都很赞成，建议继续写下去。但传递次序必须按规定线路，才能保证每人都看到其他同学所写内容。根据这轮情况，我暂时作个主，线路如下：

胡之同 → 姜起立 → 徐英含 → 柯士钫 → 严徽志 → 王纯者 → 张慕爰 → 鲍于镡 → 来匡逵 → 李镇沅 → 章燕程 → 陈直张 → 徐仁宝。我拟即写信给祝筱白（江山老家）试一试，如成功，则由徐仁宝 → 祝筱白。

这里有缺严徽志的通讯处，请您收到信后连环，直接给我一封信，我把您的通讯处补上去，再给大家每人寄一份通讯处去，好吗？

又，鲍于镡同学的镡字，如何写，是镡，还是镡，请示知。

杭州的传递次序，是徐英含收进，王纯者发出，因为他们两人通讯处都在医大，不知这样排，好不好？

全体同学聚会一次，除身体确有不便（来，章两位）者外，大家都赞成，时间定在今年十一月，我无意见，但决定的方法还一定要请徐英含、王纯者两人负责，我的意见是① 就路远的张、鲍两位，或还来两位能来的日期为决定因素 ② 徐、王两位了解此情况后，即可直接写信通知温州、上海、江山（？） ③ 能到几位，就聚几位，请各位尽量争取，但因身体、或家务关系，实在有困难，就不必勉强 ④ 聚会地点在杭州，那里人最多。

不论聚会能否成功，连环信照旧不变，请各位老同学在看过自己的信后，抽掉自己信后，在右上角编上 二轮－××号 并再附上一张照片，依次传递。我的信，请胡之同、姜起立看后，寄还给我存档。

上月接到噩讯，俞德章师已去世。陈克康又写信来通知我，回忆1946年我进浙大时，第一日新生开学，实为12月16（？）大雪纷飞，我曾写了一首诗，但额还不行，求下呈政：最好请来之改正。

（荒田瘠痰去叔后[illegible]城，择筱洙雪求是园、阳明馆前湾之月，叔姑[illegible]楼前淡之风，谈笑谈医君莫健，博钎推食我嫌弗。而今四十七年后，白发重之一老翁）

有何改，见另页

宜张 93/8/5

中国人民解放军第二军医大学稿纸

读连环信忆浙大旧友

1993/8/5

浙江大学医学院首届同学共16人，郁望尧、史鸿璋两学长先后因受迫害及肝癌辞别去世，阮光烈、祝轶白两兄通讯地址不明，除此四位外，其余十二人均已连环通讯一次。回首往事，对浙大求是校园，大家多有深情。对仁义礼智信斋、西斋、女生宿舍，抑或阳明馆、叔和馆实验听课场所，均在怀念之列。抚今忆昔，凑得無律。但余不知平仄，错误难免，请诸学长有以教正耳。

满目疮痍劫后城，携笑踩雪到园中。(1)
义礼智信溶溶月，叔和阳明淡淡风。(2)
论药谈医唯君健，持针握笔嫌我迟。(3)
而今四十七年后，白发苍苍一老翁。

(1) 胜利后浙大开学，虽曰秋季，入求是园时，实为十二月十六日，余自沪上来杭，踩鹅毛大雪前来报到。
(2) 义、礼、智信为浙大男学生宿舍，叔和馆、阳明馆等为浙大理科学生实习、听课之地。溶溶月，淡淡风，摘自唐人句。
(3) 余不善持注射器，操手术刀，较之诸学长论药谈医，自愧逊色。

Ⅱ轮—③

温州医学院

各位学长：连环信已阅，感谢宜张、仁宝牵头，让我们能很快得知分别多年同窗的近况。慈爱提到女儿、外孙女合计四吨，风趣不减当年。亦镗的相片充分体现了慈眉善目老学者的风度，如在路上遇见我还不敢相认呢。镇沅为病员针灸取得好成绩，并祝贺。前年姜同喻老师来温，他很惦记你呢。钫、香、辉三位工作愉快，自感欣慰。燕程病后康复迅速，老同学们一定都为你高兴。匡达伉俪情笃，而秉璞不幸仙逝，尚盼节哀为是。

前些年我到上海，曾到鸿章兄宿舍去看他，觉得他身体很好，怎么突然作古，不知什么病。

九一年底，浙江省编了好几本继续医学教材，放射等四小科在西湖新新饭店开终审会，我蒙王季午老师点名去参加会，王老师是主持人，王老师身板硬朗。在另一次会上，曾见到赵易老师，身体也好。

温州机场建成启用才二年，客座率居全国第三，民航机都是外地的。温州平阳有三位青年企业家正筹组银燕航空公司，市领导很支持。

港台一位温州籍的企业家何朝育先生大力支援家乡建设，温医的附院（育英儿童医院）、附一医的门诊大楼都得到他的经济捐助。

下次再谈 敬祝

健

学弟 胡之闻上

93.8.12.

Ⅱ轮—④

Ⅱ—15

各位学兄、学姊：

阅读连环信，不禁使人感慨万千，浮想联翩。我们虽分散东西南北，但通过此举，不啻于一次无形聚会。忆我们走出校门之际，正当风华正茂，而今却已是两鬓染霜，银发皓首垂暮之年矣！真是光阴似箭日月如梭。四十年来风风雨雨、坎坎坷坷，历经了各自不同的经历，除郁文两兄作古外，均能有一个幸福的晚年。然而夕阳虽好，可是已近黄昏。油然伤感之情。

由于我不知有此连环信之举，我的第一封信乃是给宜强个人的复信，而未向各位略表微忱，陈述个人梗概，望予见谅。1958年的大跃进年代，在母鸡生蛋的前提下，全家由杭州调来温州，我爱人在温医图书馆，我则干我的本行。一干就是三十五年。十年浩劫后，曾几次想调回杭州均未成。现我已于90年退休，因工作需要仍返聘，待遇仍和在职者相同。有两男两女，他（她）们均已成家自立，各有儿女。除星期日来团聚外，家中只我俩老，好在各有嗜好，日子过得还算可以。只是市场经济一开，物价暴涨，对穷知识分子的冲击太大。穷教书的，实有难以承受之势。近日由于温州市对旧城改造，大搞房地产，大面积拆建。我原住房三室一厅已被拆除，周转房按人口按排，故现卷缩于18平方米的住宅中。目前中央对金融采取紧缩，对房地产开发一律停止。因此新房何时能建成，谁也说不准，再加上要比房改贵2～3倍的钱去买，后果真不堪设想，要被这批大款们损了。恐怕要老来苦了。我身体还可，只是视力甚差。

老同学除在上海杭州者，见面机会甚少，如恩遣、镇远、燕根、开镜、慈香、光照、铁白等人，故特别想念。由于我在慈溪的家乡工作，下次来温务请到寒下一叙，粗茶淡饭亦是有的。当然也欢迎其他各位学兄来温州观光，领略领略温州特有的名胜。

纸尽情长，书不尽意，敬祝各位学兄学姊
益寿健康，全家幸福

学弟 麦起之 1993.8.18.

Ⅱ[illegible]—⑤

浙 江 医 科 大 学

各位学长：接第一次联络信，知道各位老同学的近年情况。以下我也告诉我的情况。我从53年大学毕业[illegible]回母校工作，一直在浙医[illegible]，[illegible]写过10多篇文章，[illegible]。[illegible]80多[illegible]，80多人[illegible]。[illegible]

我有二子二女。[illegible]

[illegible]今年还有一次全国[illegible]会议[illegible]，10月还是11月尚未能决定。

老同学中[illegible]

祝各位健康长寿，工作愉快！

徐[illegible]

93.9.2.

Ⅱ轮—⑧

浙 江 医 科 大 学

各位学长：见到大家的信，很高兴，特别是几位分别以来未见过面，情况不清楚的同学，通过这封"连环信"了解了许多。你们将来回校聚会，十一月也可以，最好是在信同学来提，看这样同学的意见。上个月曾去过江山，工作与江山市教委有些联系，在头打听问同学地址，我负责去讯问，但是去时错过，无把握。张光斗的地址曾向王建顺（陈主委人）陈帅打听过，她与陈会联系，曾答应找把地址寄来。一旦寄来，单会了去我与陈帅把地址送来，在会打个电话去催一催。我家离校较近，上午上班时事情多，下午回家就不出门，工作效率低。

学校有食堂可以炒菜，也有住宿，你们来了总不会叫你们挨饿受冻的，寒暑去住，会有办法解决的。

有几位同学身体有些病，我认为像我们这样年纪身体好非常重要。儿女都有工作，在外边结婚了他（她）们，我们的工作可以轻一些，他们不同。所以我们主张，尽量不要给他们增加负担。现在我的身体还可以，体检时未查出什么病（仅血脂偏高）。因为年轻时20余年每上校本，早上来参加锻炼。50年代、60年代、尤其70年代，锻炼很差。文革末，四人帮打倒，身体也逐渐好起来，这大概是我为何能做点工作的身体。自79年开始我不担任教学工作，至到现在都在实验室，研究新药等，与学术与业务无关。我最后的一篇论文是人类组织相容性在类抗原在老年人单核细胞上表达。1989年完成。自后就教学理论性论题研究，转到应用方面。申请课题很难，钱又少。结合市场经济，自给自足。就写到这里，见面时谈谈。祝

大家好

王德吾　93.9.8.

各位学长：你们好！接到第二轮通讯信，非常高兴。但是想到郁兄和史留章的去世，以及刚才知道的来嫂病故，使我很感悲伤。人为什么要死？逝者可以不复存在任何牵挂，但留着的何其悲痛。特别使我想起史兄，我曾几次去上海托他介绍上海的医生，他邀我们住在他家里，记得他说："我家有很多棉被，因为过去我太穷了，买不起棉被，现在我能买了，我就尽量地买"。这种辛酸话，我听了非常难过。

看了照片，除我们杭州的几位外，首先要说的是仁宽，她摩登极了，花衬衣花短裤，这身打扮最有时代气息了。其次是阿同兄，我是用排除法才得出结论，倘若在别处见到，我是与他素不相识了。姜兄胖了，我给你配一副大镜框的眼镜。冯晖老样子，变化极小。章兄也认得出，不显老。宝时比过去稍微老了一点，基本上是老样子。

我对鲍兄的印象是为人很随和，能让人三分。他曾教过我跳舞，但至今我仍不会跳舞，我是个貌似新派，实际是个很保守的人，我至今还没有穿过裙子呢！一条长裤，一件的确凉衬衫（70年代的）这就是我的夏装。

慈霞兄，我的印象是说话有点温州口音，牙齿很白，笑嘻嘻，有点会说笑话。

对秉兄，过去我是有点怕他的，因为他讲话很幽默，也有点深奥，我有时难辨其含义。秉兄我有没有理解错？你也经过骨折，但希望你有可能还是出来走走散散心。

Z91214076

我的情况没有很多变化，平平凡凡的过日子，辛辛苦苦地操持家务。我的老年生活不能轻松，家中那位"老先生"要照顾，小孙子的生活、学习又均由我包了，你们看，我有多少自由支配的时间？但精神上我还是很愉快的，因为一切都是我乐意做的。 再谈 祝

健康如意

严徽辉 1993.9.27.

国营萧山临浦印刷厂制 第 页

[illegible]

Ⅱ-⑦

浙江省医学科学院

ZHEJIANG ACADEMY OF MEDICAL SCIENCES

老同学们：此信循环一圈，仍也不算太慢，知道了老同学们许多消息，令人百感交集。老同学中，除了邵金耀早已离去外，娄焘、史鸿章也已作古，同时忽闻朱嫂亦已仙逝，不胜伤悲！逝者已矣，我们只能为离去的兄嫂们默哀，唯盼朱兄多多节哀。又知鲍乐、唐远、魏程身体欠佳，万望大家保重。盖生老病死，本是不可抗拒的客观规律，每人迟早要轮到，让我们活着的人们愉快地安度晚年吧！　在工作上，有的老同学至今仍坚守岗位，做了不少成果，值得庆贺；冯兄退休后还致力于医疗工作，作出贡献，确不简单；慈爱最为坎坷，但通过数十年磨练，锻就一身多才多艺的本领，走到那里，成绩就出到那里，令我十分钦佩。

刘子的诗写得很好，反映了今昔概况，读来感到十分亲切，惜我不会和诗，有负老同学雅兴。

仁宝、刘子到我家作客，真是难得。那天的菜是我亲戚烧的，我只烧了一只拿手菜，不敢掠人之功，哈！

我有三个子女，都已成家并自立门户。老大为女儿，是卫生防疫站技师，老二儿子，为某厂工程师，老三小女儿，为杭州商学院讲师，并有一个孙女儿和一外孙女。星期天都来相聚，很热闹。我和徐崇翊双方老人均已故世，老徐还未退休，仍忙于业务和政治工作。我就多管管家务，晨起锻炼身体，与世无争，倒也自在。

知老同学们拟于10月或11月份来杭相聚，十分高兴。我这儿与任二位同学，也无间断。正如冯兄所说，这次为能团聚，今后恐难有机会了。望大家尽可能来杭！好友找到了卢智贤，太好了。记得解放初，卢智贤、黄徽贵都不见了。后来黄徽贵在佛山市防疫站露面，改名黄徽远，不久便病逝。

附上最近照片，是和老徐一起，在加拿大游览雪山，玩得很开心。是啊，从照片上看，大家都老了。　等待着和各位老同学见面。　祝大家

健康、幸福

学妹　柯士铃　上　1993.9.12

Ⅱ號-⑨

浙江大学用笺

各位老同学：从第二轮通讯信中看到几位阔别40余年的老同学近影，令人惊喜。但有些同学的容貌和40年前我们离开浙大时的合影已大不相同，甚至不能辨认。徽娟学姐寄来有胡同兄的照片，但我从照片中找遍了，也未见胡同兄的面影，不知是否失落？还是我认不清？希望下次照片背面写上各自大名，以便辨认。我今附上我和老伴去年菊展在[illegible]公园的合影，请[illegible]兄笑[illegible]。我建议：所有照片最好都存宣任兄处，因他住上海，地处适中，其他各地同学有机会去的地方就好，一旦谁有机会去上海都可见到。浴兄创会换事，可谓神医妙手，令人钦佩。如有机会，我和老伴的[illegible]也请其神手一治，不胜感激。但对浴兄事之[illegible]病，我建议他们要事前对待，不可忽视。姜兄说我们"两鬓斑斑"，我看大多已"银丝盖顶"了，不过从信中诸兄及照片看来，大家都年在花甲，个别已是"古稀"之年，但身体看来都不错，这是喜事，但愿在今后再过20年，那时大家恐怕真的"老态龙钟"了。[illegible]

郁、史两兄自51年校时别后，我一直未见面，却就此去世，令人怀念。又闻姜兄夫人仙逝，深感悲悼，回忆86年我去大连时，姜嫂亲手做一桌丰盛的江浙风味佳肴招待，令人至今记忆犹新，但[illegible]节哀，保重身体为要。

关于校友会问题，最好请杭州同学与浙大、浙医商议，我们毕竟[illegible]一校友；或参加两校？？须有明确答复。82年浙医大来信，说要编校友录，我把表填好寄上，至今10年有余，如石沉大海，毫无音信，未知何故？至于杭州聚会，我因11月份参加三峡库区一个科研课题论证，准备11月去库区考察，可能造成不能参加[illegible]。宣兄来信说准备明年4月，我想到那时可能参加，而且可能偕老伴一起来，未知大家欢迎否？

ch002.326.91 [illegible]　　　　电话：663746　　　　邮编：630033

渝州大学用笺

我近来的工作情况介绍如下：除退休学校返聘为学报主编外，近来又参加了三峡库区的科研课题。去年为我校袁畇教授翻译校对“水生家禽”的英文版，草稿已定，即将打字定稿，明年初可脱稿，争取在国外出版。此外还兼做一些零星翻译工作。如近来我校开发公司有一产品，寄来西班牙想经销，开发公司又寄来七八页的中文稿译英，我几乎花了几个不眠之夜已经完成。我老伴退休后在家管孙女孙儿，最近有公司请她去，可以另外补贴，对目前高昂的物价和生活费用也不无小补。

55年离校后，我最惦记的是徐英含，因他当时专学语言，来来信后旦寻了这些让我写。我也填了表格。他后来都是他专学，可惜当时他也想不通。他从信中看到他目前有这么多成就，还当上了全国政协委员，真令人吃惊。下面他就说他当年在校时是不敢向同学说的，而现在却是半年的政治协作员。可见我们班上全体同学中有10多人，都是人才。他说他有机会要来重庆政协视察，届时可来寄合叙旧。为盼！

最后，我想了解一下母校，不论浙大或浙师院，有否招本校友的刊物，我们是否可以订阅，或校报？最近我在绍州的中学母校来信，95年母校建校70周年，特来信征文。我写了一篇回忆中学期间英语老师的征文。因为我感到我当年在那段坎坷经历中，入学初年未曾外语书，但近年来，我通过教学和自学，很快掌握了英语的语法、会话、常见词汇和造句等，跟当时中学期间英语老师的有关。近以我特写一篇献给中学英语老师的征文，以表学生心谊情。

好，就此搁笔。欢迎大家来重庆玩。学印 [illegible]

ch002.326.914　　电话：663746　　邮编：630033

93.10.12.

装

订

线

Ⅱ-1

Ⅱ乾—⑩

大家好，

循环信又次转来了，拜读之余，百感交集。四十年风风雨雨，能见到诸兄姊们的倩影：纵然一个个老态，有的是白发苍苍，但细看还是往日容貌。镇沅老兄还是那末高大，想当年实习门诊，病人都要找这位胖子老医生，可是老兄一亮相就不同凡响，英容很有些首长派头，但改变很少：想当年在南京，老兄一开会就拿过十张纸先写。皇天不负勤奋，终于"立功、立德、立言"三者兼得，可喜可贺。柯柯的笑容依然那么甜，也是个有福之人。徽辉兄还可以看得出来，比在合影年轻。天伦之乐陶陶，纯香90年久过，好那宏伟计划已有成绩。逸程看来最年青，头发未白，身体也健，可惜没有见到任远和子闵的。我见到过浙大43级的级友录，他们是装订成册，上有照片、通讯地址、电话号码以及Fax。我想化点钱，我们日后也办得到，人手一册，十分珍贵。最好能设法把坐文和鸿萍的也编进去。这事能否请宜弦夫妇代劳。

第　　页

II-2

我身体还断有些好转，但仍不能太累，稍劳累就会出现早搏(premature beat)，背了两次Holter（24小时动态心电图）也没有发现什么。反正身边随时带着硝酸甘油，而且住家与医院只是一墙之隔。我对冠心病没有什么心理负担，有些人有心绞痛病史若二三十年，也活得很好，而且还活得愉快。Dust thou art, to dust thou wilt. 来自尘土，终究要变成尘，又何足惧。宜诗来信，说初步拟定去明年四月去杭州聚首，我一定争取去，可能先到上海，先去我姨妈家住几天。（她住南京西路471弄26号）可惜一幢楼房被文革弄得只有一间亭子间了。也可能去宜诗大妇家住几天，再一起去杭州。我家没有电话，若有紧急通知可挂长途给我大儿子鲍连军，他家里电话是#541531。我也可能回老家绍兴转一转，那是后话了。就此打住，祝各位身体健康，合家欢乐

宁鲍[illegible]
91-10-25

第二轮—⑪

大连医学院

诸位学友：

第二轮连环信，从邮戳看，鲍兄在10月28日付邮，因系航空，于31日即抵大连。但我是在18天之后，即11月18日才偶而收到。因此信挂号，而我们的信箱只能收平信，挂号、包裹、汇款之类只能寄单位。不知怎么此信到了居委会，出于偶然，才到了我手中。但因连日大雪结冰，不能出门。镇沅兄住处亦不远，他们不敢送去，所以又耽搁数日，请鉴谅。

不久前曾复信给宜张兄，表示明年四月可能去杭参加聚会。当然，现在变数尚多，未敢言必也。我已年过65岁，近期可能退休，估计年内或明年初即可办理手续。同时也不打算接受返聘之类工作。这样明春即可还我自由身，开始新的生活了。虽经四十多年之改造，终究未能达到“脱胎换骨”的境界，“灵魂深处”仍然改变不多。只不过棱角磨去（尚未到光滑水平），牢骚深藏而已。

承诸友诚挚慰问，感甚。老伴（北方中老年人常称自己的妻或夫为“老伴”，伴侣之谓）去世即将一年半，经努力调整，我对生活已渐适应。现在身体还算可以，尚未出现或发现严重的毛病，但走路仍很不方便，因此不能多活动，由此可能导致肥胖等等问题，前途未可乐观也。

宜张兄所拟活动项目以及对连环信及照片循环中的处理办法均很妥当。我只想建议活动项目除去要为怀旧外，尚可酌情增加参观浙医大及某个或某些附属医院（例如田家园或邵逸夫医院），因该校规模今非昔比，终究算是我们的母校。倘可行，则请宜张兄先期致函郑树校长商议，必可得照料。因她称我们为老大哥（姊），而自称（浙大医学院）老四（第四届）。等她任满下台，我们与该校的关系就又差一层了。此议谨供参考。

来匡逮上 1993年11月25日

Ⅱ轮 ⑫

大連醫學院

改写

诸位学长：接第二轮连环信后，反覆拜读了几遍，又对着各位风度迥异的近影，看了又看，真是非常激动！心情是又甜又酸，感慨万分，说不出的滋味！从诸位学长信中忆旧所谈的往事，历历在心头，令人无限地向往！我们那时候，班上人虽少，可是大家真诚相待，情逾手足。这种可贵的感情，到老到临终也是难以忘却的。我们那时候，生活上虽然大多数人都并不富有，真如同燕程兄所回忆的，校门对面小铺中3分钱一碗的肉骨头粥，就是珍馐；纯香学姐倡导下每人一颗橄榄，回味都是很甜的；我们在49年、50年搞勤工俭学，夜里扛上百斤的米袋卸米，在木工厂锯板钉茶叶箱，天不亮就去磨豆子烧豆浆，都是相互支援，支援经济上有困难的同学的，我们大家分文都未取（当时我们班上几个人主要靠抚恤金为生的）。我还记得我们在钮家模老师的指导下制成了霍乱和伤寒菌二联疫苗，是宜张、望耀和我3人代表大家（有10人参加做）去找卫生厅李蓝英厅长交涉出售的，在宜张兄的慷慨陈词、出色的"外交攻势"下，终于取得了胜利，克服了防疫站的阻挠，卖得了259元。这笔钱当时为大家作为缴费困难时的周转金，起了很大的作用。后来动用了50元为柯柯买十瓶链霉素，50元为"乾儿"解决了经济困难。余下的159元在1951年春初向中国人民志愿军捐献了飞机大炮，那张收据一直由我保存着（经手人），一直到文化大革命我院内迁时才不再保留。那时候我们大家是多么的意气风发？真如毛主席诗词中的"忆往昔峥嵘岁月稠"那样豪爽真诚，令人一辈子也忘不掉的。我记得徽辉学姐临毕业前也得了结核病，可是我们这笔钱已经全部捐给抗美援朝的志愿军了，我们大家也都是穷学生、没有钱，买不起链霉素（当时要4元8.9角一瓶）。我记得当时望耀兄（他一直是一位亲切的兄长）同我商量了很久，实在是心有余而力不足，没法再给徽辉姐也买一批链霉素啦！此事望耀兄一再觉得我们都有内疚，也不敢重提，怕引起有"厚此薄彼"之嫌。今天回忆起来，望耀兄虽已作古，但他那忠厚诚恳、古道热肠的好兄长形象，仿佛仍在我的眼前一样！所以我总认为我们那时候，在精神上是"富有"的。离校后大家劳燕分飞，散在全国各地，为人民的教育事业献出了自己的美好青春和最能有所作为的壮年，如今都已白发苍苍、历尽坎坷，但我们大家都可以问心无愧而无悔的；只是回忆起我们同学时期的那种真诚无间的感情，真是无限神往！

Ⅱ轮—⑫

大連醫學院

诸位学长：接第二轮连环信后，反覆读了几遍，对着各位风度非凡的近影，看了又看，真是非常激动！心里又甜又酸，感慨万分，说不出是何种滋味！除了秋钟兄精显苍老、宜张兄与慈发兄白发苍苍以外，其他各位几乎没有大的改变，英舍兄和燕程依然满头黑发，风采不减当年。尤其是四位学姐，一点未变当年的面貌，仿佛驻颜有术，青春长在似地。过去我曾在心里把你们比拟为春兰、秋菊、夏荷、冬梅四朵姐妹花（根据你们的性格、风度）你们四位不妨猜一猜：自己是那一朵花。我上轮信中附的是87年摄的照片，现找到一张92年3月在家里卧室中摄的照片，特寄奉学长们一阅，看来改变也不太多。

从诸位学长信中忆旧所谈到的一些往事，历历在心头，令人无限向往！我们那时候，班上人数很少，但大家真诚相待，情逾手足。这种可贵的感情，是永难忘却的！那时我们在生活上虽然并不富裕，但是精神上是"富有"的。大家意气风发，互助互勉，颇有点毛主席诗词中"忆往昔峥嵘岁月稠"的味道。我们在一起轧米、磨豆浆、制茶叶箱、做疫菌苗……勤工俭学的情景，也仿佛仍在眼前。宜张兄怀旧情深，赋诗见赠。我拜读之余，也不禁心动，奉和了一首。虽属"狗尾续貂"的歪诗，但也是怀旧的感触，幸勿见笑。宜兄之诗，本不该妄改，只是冒昧将重复的词和不叶韵处稍动了一些，不一定妥当，请海涵。在宜张兄大作的激发下，我亦作一诗赠聋、祝二兄，以叙怀旧之情，并谈谈我治糖尿病的经验，供燕程兄参考。

宜张兄第二轮的通知已收到，知道94年4月15、16、17日在杭欢聚活动，届时我一定如期前去报到和参加联欢。并即写信去告诉纯香学姐。匡達兄的建议我亦完全赞成。

慈发兄和嫂夫人治颈椎病所需的药物，届时我一定带去。并且将为您作手法按摩治疗。（我的手法简便易学，你完全可以很快就掌握的），一般有数次按摩，配合用药外敷（两天一换）约敷15次可愈。一般在数次以后，症状即可消失，但要坚持治15～20次，不复发。治腰椎、膝关节等骨质增生，单是用药外敷即可治疗。两年来我已治疗颈椎病4百多例，腰椎间盘突出140多例。我在杭州可以住妹妹家。匡達兄届时如行动甫好些，我将鼓动他来杭。一路上有我"护驾"到杭。回程则可由宜张兄"保驾"，陪到上海，直到送上去大连的海轮。这样就不会有什么困难了。

祝 各位学长

春节快乐！身体健康！阖第安好！

学弟 镇沅 上

大連醫學院

原诗：

忆浙大旧友　　　宜张　　93.8.15

满目疮痍劫后城，择扇冻雪求是园。阳明舘前溶々月，
叔和楼前淡々风。说药谈医君真健，持针握管我慵笨。
而今四十七年后，白发垂々一老翁。

宜张兄有感于1949年冬浙大开学日，大雪纷飞，慈湖封冻，缅怀旧友而赋诗见赠。自云押韵还不行，请匡建兄斧正。匡兄谦辞而弟不揣冒昧，斗胆妄易数字以呈，乞宜兄笑涵，幸勿见"刮"也。

劫后慈湖冰雪封，学子求是初相逢。阳明舘上溶溶月，
叔和楼前淡淡风。说药谈医君真健，持针操刀我笆工。
四十七年弹指过，白发垂鬓一老翁。

和诗

奉和宜张兄（步原韵）　　　镇沅　　93年冬

老友星散故尘封，(一)人生参商不相逢。(二)惊梦屡忆慈湖月，
终身难忘求是风。(三)一事无成我何惭，百篇可读君最工。(四)
旧园依稀沧桑改，(五)泪湿青衫白头翁。(六)

注：(一) 望耀、鸿璋二兄已作古，轶白、光烈二兄地址不明。母校故园尘封，往事不堪回首。
(二) 杜甫《赠卫八处士》诗云："人生不相见，动如参与商。"我辈自离校后，已42年未再团聚，情景颇似此。
(三) "求是"乃竺可桢校长手订"浙大校训"，终身受益匪浅。浙大校址即称求是园。
(四) 各位学兄学姐均学术造诣甚深，著作甚丰，英含兄与宜张兄且论文逾百，弟自愧莫如。
(五) 慈湖已填平盖楼，无迹可寻。求是园被四家瓜分。阳明舘残败不堪，尘土满面，唯缘墙犹依稀可辨。
(六) 宜张兄怀旧情深，固不让于白居易《琵琶行》之"座中泣下谁最多，江州司马青衫湿"也。

大连医学院

天末怀章祝二兄　　　镇沅 93年冬

求是园中三友居(一)，情逾手足今何处？
日暮荒郊盗白骨(二)，夜阑陋巷觅臭乳(三)。
劈兰只羡数粒豆(四)，读书何求千钟粟(五)？
祝愿燕兄健颐年(六)，笑忆祝公迷侠书(七)。

注：

(一) 章、祝、冯三人昔同居于子弹库一隅及西斋楼梯下小屋逾两载，戏自谓陋室为"三友庐"。

(二) 读解剖学时，仲崎师嘱诸生自置骨骼标本各一副，以备夜间摸索辨认。遂结伴去松木场挖骨而归，洗刷如玉石，视同至宝。

(三) 某夜十时许，三人忽雅兴大发，亟欲啖油炸臭豆腐乳。遂联袂求索，行经众安桥、官巷口方返校。踏遍大街小巷而未获一快朵颐，然"兴尽则归"，亦别有一番意境。

(四) 晚自习后腹饥难熬，只能"劈兰抓阄"凑一角钱去菜市桥畔"花生西施"店购五香花生豆一小包共食之。抓到"白吃"者兼任采购跑腿。虽只一小撮花生米，亦使众美不已。

(五) 古人有云"书中自有黄金屋，书中自有千钟粟"者。然我辈读书破万卷，治学数十载，但求报国利民，何尝有人当官发财？睹今日社会中某些"暴发户"，感慨良深。

(六) 燕程兄身体健壮，素为全班之冠。冬日每以冷水抹身，拍胸自豪之声，仿佛尤在耳际。今忽闻患病颇重，遥隔云天，想念殷切。还望安心休养治疗，在表妹夫人亲切照顾下，定可康复共享晚年幸福也。

(七) 铁白兄酷嗜武侠小说，尝细读《蜀山剑侠传》自第一卷至五十余卷，孜孜不倦。1956年去沪访望耀兄时，曾偕我去访祝兄未遇。郁兄戏言："但见床头有武侠小说、床下有臭袜者即为祝公床铺。"今书摊上侠书汗牛充栋，不可胜数，祝公当可迷醉终日矣！惜郁兄已作古，含冤九泉。哲人其萎，宁不痛哉！

闻燕程兄有病，想念殷切。回忆昔日同居陋室，日夕切磋，情同兄弟，此情实终身难忘。受宜张兄赋诗雅兴的启发，亦作七律一首，请燕兄指正。其中述及一些"隐私"，乃我三人间之事也，可供一笑。弟自91年1月初发现患糖尿病（因有疲倦、口渴、多尿等症状已数月）。空腹血糖为180mg/dL；糖耐量试验3小时血糖仍高达250mg/dL，尿糖1100mg/dL。就采取严格的膳食控制（每天糖类摄入在250~300g之间，热量为2000 KCal。一切含蔗糖、蜂蜜的食物和饮料（包括甜点心、饼干、汽水冰糕）均不吃。药物只服消渴丸，每日2~3次，各5丸；降糖灵日服2-3次，各1片。治疗后2个月复查，空腹血糖已降至120mg/dL，尿糖(-)。两年前一直严格控制和服药（已减量）未敢少懈。每2个月查一次空腹血糖和尿糖，虽有时略有波动，但始终都在正常范围之内。我的体会，饮食控制极为重要，也最难坚持（元宵节是我生日，但我两年来从不吃元宵、月饼）。此经验谨供燕程兄参考。

II轮-⑬

各位学長：

第二轮信到天津已是94年岁初，距从宜張信去年8月发出第一封信不到半年，照这样这转速度，一年两轮不成问题。

第二轮信，带来了不少信息，尤其是我班的4朵金花，有的多年不见，如今重睹芳华，不胜欣慰。

宜張和鎮沅兄纷纷赋诗怀旧，令人回忆起求是园的往事峥嵘岁月，回味无穷。记得一年级在子弹库前教室上课有70人，以后有退的转学的，中途不上的，到毕业时只剩不到20人，减员够多的。在西一楼时我和冯犹同住一小屋，老犹不大说话，他住在我下铺，抽起烟来熏得我够呛。那小屋还有半个外间，在楼梯下，以后他就到那儿去抽，老犹性情温和从来不发火，老冯活动量大交游广，功课根底好，同窗数载，受益匪浅。

阮劲然地址有人告诉是香港英皇道435号3/A沙济德世业楼，她是阮夫人沙巖的妹妹。不知这个地址管用不管用，已试寄一信，尚无回音。劲然给大陆人写信只让香港阮寄，不附她地址，可能有些原因。

这次看到慕夏和夫人的合影，英姿不减当年，现在还能为大三峡贡献力量，令人钦佩，想起在前几年在天津碰到时胖了许多。那张照片在慕右侧第二人是不是胡之周，我看的像。如果不是

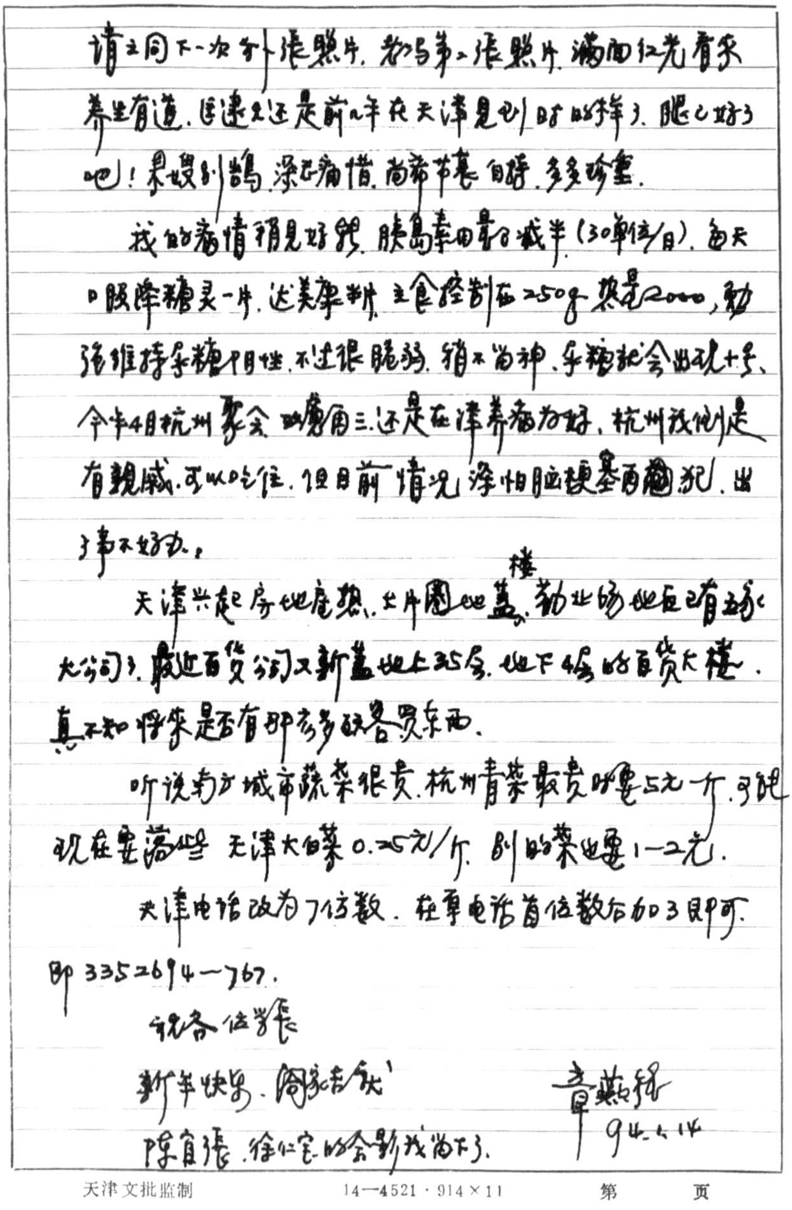

请之同下一次分卜张照片，老与第二张照片，满面红光，看来养生有道。匡逵文还是前几年在天津见到时的样子，胆也好了吧！黑嫂到鹤，深为痛惜，尚希节哀自珍，多多珍重。

我的病情稍见好转，胰岛素用量已减半（30单位/日），每天口服降糖灵一片，达美康一片，主食控制在250g 热量2000，勉强维持尿糖阴性，不过很脆弱，稍不留神、尿糖就会出现十多、今年4月杭州聚会的愿望三，还是在津养病为好。杭州我们是有亲戚，可以吃住，但目前情况，深怕脑梗塞再犯，出了事不好办。

天津兴起房地产热、大片圈地盖楼、劲业场地区已有五家大公司了，最近百货公司又新盖地上35层，地下4层的百货大楼，真不知将来是否有那么多顾客买东西。

听说南方城市蔬菜很贵，杭州青菜最贵时要5元一斤，不知现在是否落些。天津大白菜0.25元/斤，别的菜也要1—2元。

天津电话改为7位数，在原电话首位数前加3即可。即3352694—767。

祝各位学长

新年快乐、阖家幸福

陈育张、徐仁宝的合影我留下了。

章燕程
94.1.14

天津文批监制　　14—4521 · 914×11　　第　　页

四、连环信选录（2000 年 1 月至 2000 年 5 月）

第十四轮连环信

陈宜张

徐仁宝

胡之同

姜起立

徐英含

王纯香

柯士钫

严徵辉

张慈爱

鲍亦钟

来匡逮

冯镇沅

戴知贤

章燕程

陈馀→胡之同→姜起立→徐黄舍→王德者→
柯士钫→严[illegible]→叶慕曼→[illegible]→朱[illegible]　第XIV轮

00·01～
00·05

《神经科学》编辑部 ①—1

→[illegible]→[illegible]→[illegible]
→章[illegible]→

诸位老同学：恭祝2000年好！

這一轮循环信收到，里面有许多生动的报道、讨论与经验介绍。

1. 不少人回忆起了少年经历、浙大旧事，的确如此，我也如此！严[illegible]等讲到院长室去看我，叫我陈宜张。其实，就是你叫我绰号，我也会应声而出的。不是假话，我二年级秋季开课时，还到地里去抓蟋蟀呢！记得左传里有一句话"鲁襄公(?)年22矣，犹有童心。"我们那时就是乡下佬，童心未泯。现在70多岁了，遇到老同学，就是回忆当年，老同学之间的感情是深的。

2. 许多同学都谈论老年保健，都有根据，有出处。我呢？我自大学毕业以后，学了生理，能够离开医学来完善，有时谈一些病理、医疗方面的事，会讲外行话。但我比较倾向于老左的意见，注意锻炼，这是很有必要的。

3. 由于法轮功，引发了不少同学的高见，这些，我都同意。法轮功问题，如同奥姆真理教一样，是一种信仰危机、邪教，操纵其事者，怀有政治企图，可以理解，想有其事者！但为何有那么多人跟着"功"走呢？这就是信仰危机了！好在这几年国家经济发展尚称可以，所以尚能安然无事耳。我们还有一种想法的情绪，就是年事已高，老了，也没有精力去争论去呼喊了。这当然也是不得已的情况。至于气功，内功有一定道理；外功就是胡说八道。科学家讲此事要有不可推诿的责任。

4. 去浙大医学院当院长，情况已见上轮我所写的。如同蓬理兄所言，天津医大因不住重点而有所下降，如浙医大实也有此病。弟去后到在这方面略尽绵薄之力，但也不知能否有效，我只是尽心力而为之。

5. 起立兄伤其女之先逝，祈望善自珍重。慕曼有一段话，我读了非常感动，谢谢慕曼夫人之功，功不可没！

6. 我今年73，仁玉也72，70多岁的老人，说不定那一天会出事的。我们大家都要多多注意才好。再次问候各位老同学。　弟宜张顿首　2000/元/3.

请注意电话号码更动：叶慕曼 023-67510405
姜起立 0577-8831156

老同学有时间多写一点，使我们大家阅读时更觉亲切，我想绝不会以三页为限制，就是多多益善啊！
又及

地址：上海市翔殷路594号　电话：5347018-71310　邮编：[illegible]

XIV 12②-1

19　年　月　日　第 2 页 共 1 页

各位老同学：新年好。祝大家在新的一年身体健康，心情愉快。

读了第十三轮连环信，非常亲切。柯七娣青梅已完全痊愈；王纯喜既为中机新总而异忙又作了第三代的"家庭教师"；尹徽锦的儿女们对母亲非常孝顺、体贴；朱匡速以很大的篇幅介绍学电脑的经验等等，反映了大家的老年生活是健康而又充实。1999年除夕之夜，据说上海市的主要街道人山人海，所有的旅馆都爆满，所有的出租车都有客，真是一派太平盛世的景象。我们这一代人青年时代是乱世，中年受极左路线之苦，晚年总算还享几年福！

祝贺胡之同以最高的选票连续四次被评为优秀带教老师。这类荣誉称号对我们老年教师可能已没有什么用处，但心理上却是很大的安慰，这是我的想法。不知胡之同是否也有同感。

胡之同推测：我退休大概是有意让出正高名额。事实并非如此。现在军队对年龄要求比较严，去年开始，上面规定正高职（即使是博士导师）58岁就要退休。我70岁的人当然早就该退休了。　恐是68岁吧？（柯注）

连环信中，徐英全、冯镇沅、戴知贤都对学电脑感到有些跟不上。朱匡速对此答了不少。戴知贤似乎下决心要赶上。把朱匡建的信复印，以便模仿、消化。我也谈点我的情况，谈也惭愧，我只会用电脑写文章，其他一概不会。如作图，多媒体，收发E-mail等等，由于工作的需要，都学过，也干过，但过几天都忘得干干净净。实在没有办法，深深感到老年人要学点新东西真困

白打字纸401—50　16开双线报告纸　　唐行印刷纸品厂出品（97.3）

装订线

②-2

19　年　月　日　　第　页共 2 页

难，记得读大学时，一堂课下来，主要内容基本上可以记得，现在实在不行，记性实在太坏，常常是一篇文献看后，脑子里还是空空的。从这点上，我也认为：确实该退休，结束自己的科学生涯了！

这一轮连环信中，谈论了几个主要的话题。大家从不同的侧面对这些复杂的社会现象作了分析，我都很同意。我也想谈谈我对宗教（对普通老百姓来说，宗教和邪教并无明显的界限）的看法。我不信教，但我认为，①只要社会上还存在不公平的事，宗教就一定会存在，②信教（和迷信也无明显界限）有好处。我哥哥（在台湾，是退休的工程师）是虔诚的基督徒，认为一切都是神的旨意，神的安排。1994年他患直肠癌，手术后治得很好，1997年发现转移到肝，二次手术，三年过去了，奇迹般地活下来了，而且化疗也停了，到目前为止没有再复发。他完全不知道自己的病情，但他心情很平静，认定只要一切听从神的安排就行。我想这就是信仰的力量，信仰使他情绪很稳定，而情绪和健康、疾病的关系，现代医学已有很多的实验根据，这点戴知贤的信中也已提到。

冯镇沅在他给我们的贺年卡中提到他夫人患阻塞性黄疸，不知原因查出来没有？我和夏强都非常挂念，但愿她没有什么大问题。

我们的连环信已经是第十四轮了，连环信是咱们班的“创新”。我非常欣赏徐英含的两句话，我们要更珍惜我们的连环信，更珍惜我们的友情。

再谈吧，祝大家身体健康。　　徐仁宝 2000.元.5.

白打字纸401—50　16开双线报告纸　　唐行印刷纸品厂出品（97.3）

装　订　线

XIV③-1

温州医学院附属医院

老同学

连环信又一次搭起了交流各人的养生经验，调整心态，适应老年期遇到的各种问题。"老有所用"是我们银发一代的热门话题。纯音在研制新药方面的努力很突出地说明了这点。浙大学生宿舍就已谈吐不凡的匡速介绍自己的电脑使用经验，很有实用价值，难怪知贤要复印下来，忙忙地"照此办理"了。

关于胆囊炎，我一位同事70多岁，长期被胆囊炎折腾得够呛，去年底下决心去医院行腹腔镜摘除术，她老伴（病理的）在手术室观看到手术野传送到台旁监视屏上的图象，不禁叹为观止，（我也是首次听说）（术后很快可自由行动。）

据上说，高校扩大招生并非权宜之计，浙江高考录取线比其它省高出100分，名额则远低于其他省，听上面说要争取60%高中生能升入高校（包括民办高校）。

宜张出山，君又是院长？是名誉院长？还是顾问。浙大领导是找对了人。

英语书上有一句外国名谚，录以供大家参考。

An apple a day, keep the doctor away.（很押韵。）

宅电话号：8848883。

之同

2000.1.13.

XIV ⑭-1

温州医学院

P.1

老同学们：通讯组编印的信件已开始了XIV辑，屈指算来已进行了六年整，跨越由二十世纪进入二十一世纪，它是我们这些出生在二十世纪二十年代，现在已是跨世纪的耄耋老人间保持着相互的友情、慰藉、关怀、安慰、鼓励——之心，非常珍贵，应该十分珍惜。提到二十一世纪，很多人预祝未来，不少人议论，早晨去浙江玉环石塘镇看照射到我国的第一缕曙光。可见世界进入二十一世纪是多么激动人心，虽然现在已不是元月一日，可此时此刻收到这通讯，我们都要向各位跨世纪的老同学祝贺在新的世纪里身心健康，万事如意。并怀念已去世的施耀人、魏以、路幸之位同学。

1999年过去了，这一年是国际老人年，又是(编)建国五十周年，也是澳门回归全人类喜庆的一年，国家对老年人有一系列的关怀。浙江省人民政府还为全省离休老干部颁发了建国五十周年纪念章，我也沾了一点光。

非常感谢慧云兄用美国诗人Longfellow的诗句："Let the Past bury its Past"对我的鼓励。的确，应该想得开。陶铸也有一句话："往事若说只得忘却，心底无私天地宽"。他们也有相似之意。知道慧云而又重谈以表仿已收到。我住址未变，也早已通知。怎会把信退回。这与温州近几年来，由于旧城改建，门牌号码混乱有关。温州市在已经(?)2000年百岳大实事

XIV④-2

温州医学院

P2

的一项事故，以后可能会有改善。知贤兄在信中以切身的经验详细介绍了防治咳嗽的菊花蒸气喷喉呼吸的方法，我当创造条件应用。最近我身体还好。除少量的几粒药外，尽量少服其他药物。知贤兄之信中也谈到身体锻炼，我想这是对的，生命在于运动嘛！

匡逮兄在信中详细介绍了电脑的应用和自己的心得。使我们也加深了电脑是人类智慧的概念。可惜年老了，已无精力了。冯兄介绍种种用腕骨头像，简便易行。过去我当人事院时曾对骨折，也曾经常用过，祇是没有加那么多嘴。宜璋兄告在附大医院住院之前，据说一直去三个月，还有程像森、赵豪告知了温州大学校友的情况，在此谢谢了。是否加强了一点？士钫的股骨颈骨折之后在疗养，经常在建工研究所的大院里散步，纪婵儿子孙孝顺，仁言、燕程、锦兄均好，使人高兴。之前经常给我寄了他和X光照片，也得谢谢他。

2000年春节即将来临，这又是一个使世人难忘的日子，新世纪第一个春节，老同学们应该动作。藉此向各位老同学拜年，并祝健康、长寿，阖家欢乐

宋赵全 2000，1，24.

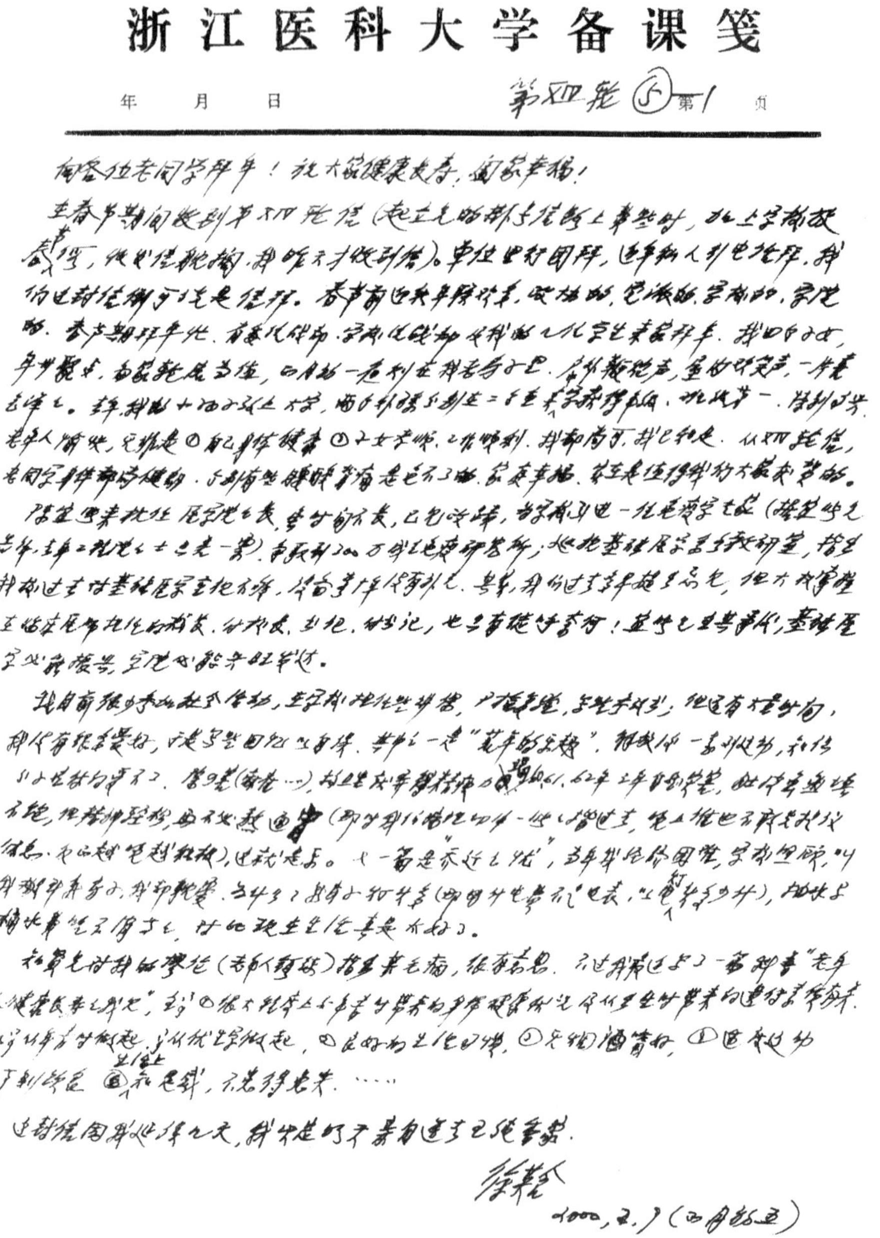

浙江医科大学备课笺

年　月　日　　第XIV组⑤第1页

向各位老同学拜年！祝大家健康长寿，阖家幸福！

……

2000，2.7（正月初三）

14—⑥—1

各位老学友：

你轮信收到。了解到大家身体健康，很高兴。新春佳节已度过，不过我还是要向大家拜个年。祝大家2000年更加身体健康，生活愉快。珍惜生活的老人，本身就是长寿人。

徐荣会同学笔头快，记忆力强，总能写出很多好文章。我们是同代人，同志的语言很多。大家谈到宗教一事，我不信教，林飞卿教授与我联系，谈她信教的好处，並要我跟进，我没有同意。我信自己的良心。对于法轮功有人跟随的情况，共韶翼同学分析得很全面。别有用心人是少数。陈院士函到底是院士风采，实说，学了生理还学了病理。（我补一句）我们这批搞医学基础的人，临床方面更是三脚毛。隔行如隔山，尤其近几年来的学科发展都很快，依我们微生物免疫学这门课来说，一日不见如隔三秋。免疫学发展得更快，接触面广，最近由湖北科学技术出版社出版的临床医学免疫学丛书，一套共涉及到临床各科与免疫学关系。我化了500元选购了7本。有人说现在的书打不来，这都是前几年的资料，没有最近几年的，还是

20×20=400　　浙江医科大学稿纸　　第　　页

XIV ⑥-2

的男电脑好，这话有理。陈院士对医学院花球医学风气的批评，一针见血直指出，并作了措施，得到有识之士的赞誉。陈院士的学术报告，及有的言论都有了好评。不过我一个女的，最佩服的是仁美同学。她不但工作出色，还补课，家里家事也做得好。烧得一手好菜。有名的钱院士对特异功能持怀疑的态度，这关系到学术者影响较大，尤其在部队里。不过对一事物的不同看法，总会长期存在。生物界的奥秘永远揭不完。

胡同同四年连评先进，这也是自我价值的显现，可喜可贺。柯同学身体恢复得很好，我认为与她重视锻炼有关。锻炼给家不如锻炼好。我赞成适当锻炼，过分的话于老年人不宜。专业老卜多人可爱。家庭的杂事，买菜、烧饭、搞卫生是活动，也是一种体力锻炼。体力劳动，脑力劳动都是劳动人们。那种只有田里农民、工厂工人是劳动人们的观点是偏面的。

写了一大堆，废话真话都有，就此说
大家好

王[illegible]

浙江省医学科学院稿纸　XIV轮—⑦—1

老同学们：　一年共收发两次连环信，很准时。记得去年春节，我是在年初二躺在床上写信的（因骨折），今天年初八，窗外仍是阵阵鞭炮声，还来得及向各位老同学拜个晚年，祝大家春节快乐，身体健康，诸事如意！

本来是个愉快的春节，但我并不欢迎，因为，爆竹声令人烦，我们家已够老的了！每次过年大扫除和准备年夜饭，总弄得精疲力尽。今年，大加改革，省去不少精力。大扫除是仍免不了的，一天限打扫一间房，不太辛苦，最后请钟点工来擦玻璃窗。年夜饭，则提前到饭店去吃，虽化些钱而热闹省力，吃得开心。

前几年是暖冬，但今冬特别冷，数次在零下5—6°C，不禁回忆起解放前在老浙大健身房内考试时，墨水都冻住的情况，真是可怕。现在室外再冷，室内还是比较暖和的，不过身体比过去是大不相同了。

我很佩服一些老同学，人退休了，思想不退休，有的继续上班，孜孜不倦地工作，有的写书、编书、学电脑，写回忆录（当然，院士是例外，他们不退休，更有做不完的工作）。但是，我自己今后该如何生活？我很同意仁宝的说法，我们这代人青年时代是乱世，中年受极左路线之苦（株连，还牵累到下一代），晚年总算还可享几年福。现在我就想享享福了。怎么享？钱辉说自己是个不会化钱的人，我也是。我想我们这一代人都不大会化钱，因为从小养成勤俭节约的习惯，改不了。现在国家也提倡消费，不希望人们只在银行存钱（当然，我们也不会有很多钱）。怎么消费？我觉得住的，吃的、穿的都够好了，不必化太多的钱。还是趁自己还能

20×20=400　　第 1 页

匡逵兄提到元极功1、2册，我也有。我认为按摩还是好的，每天早晚各做一遍。只是不太规范，晚上边看电视边按摩。

浙江省医学科学院稿纸　XIV ⑦-2

走动的时候，多出去旅游旅游，看看国内外大好风光。今年已计划的地点有成都、昆明，可能还有桂林，去成都约在6月份，届时我必看望熊东。（87年我曾去成都开会，来去匆匆，竟不知熊东在成都，至回杭后听纯香说起才知晓，真是抱歉）；接下去在昆明避暑，看看世博会的各国园林；桂林排在下半年。想一想，70多岁的人了，可以出游的时间没有几年了，所以要抓紧，但要慢慢玩，不能太累，不能抢时间。像98年新、马、泰、港、澳之游，就是在旅行社带领下，抢时间，要去赶出机场，才致摔交、骨折。这年龄，是摔不起的了！

吴会的第三代真不错，一个考上大学，二个是重点高中年级班级第一。要知道进重高已不易，要得重高学生的第一名真太难了。将来必是保送重点大学的人才，可喜可贺！

冯兄提到我的脑瘤，去年下半年经磁共振检查，还是1cm大小，既消失不了，也大不起来（手术依然前为2cm），反正这颗“炸弹”放在脑中不碍事，我也不理它了。但需定期检查而已。

谈到颈椎病，我曾数次发觉低头看书报时，实在抬不起头来了，很难受。后来每天摇摇颈部，顺时针转动10次，逆时针转动10次，上下点头10次，再用二手掌合按摩颈部10次，每天早晚各做一遍，以后就再也不再发生。

就写到这里。祝

大家好。

柯士钤　2000.2.12

20×20=400　　第 2 页

中国纺织品进出口公司浙江省分公司

第14轮 ⑧-⑪

便字第　　　　号

各位老同学：聊天中午我从学校回家时，拿到了连环信，我立即拆封阅读，足足品味了二小时，并又重现出当年我们年轻时的幕幕情景，我都忘了还没有吃午饭。

关于电脑我是不想学了，虽然我的办公室里有专人搞电脑，二个儿子家里亦有，但我视力欠佳，不想再折腾自己了。但对于一些有关电脑的专业名词，我也有要求，要知道它们的内涵意义，这样使自己在看报和与人谈话或听人谈话时，不至于一头雾水。

讲到法轮功问题，我是对任何功都不感兴趣的人，记得93年我爱人曾去武林广场集体练香功，他回来和我说人家都说练功时可闻到香气，我一点也没有闻到，也许是女同志们散发出来的化妆品气味。可见我们都是不相信气功的。

法轮功以练功为名，使许多人为了强身治病参加进去，而法轮功的头目都在干政治阴谋，群众是受蒙蔽被利用了，群众是无辜的。

关于宗教信仰，我小时在教会小学读书（蕙兰小学），小时的我颇受老师关爱，常带我去教堂做礼拜，亦常会在圣诞节晚会上上台合唱赞美诗和讲故事，因此对基督教我从小就有印象，在我读外文系的一年里，有一门课就是Bible，但是长大后我不信教。我认为宗教宣扬的是劝人为善日后能进入天堂，得到永生，基督教、佛教都是如此。天国何在？何人去过又得从天国返回人间？学科学的人当不会相信，人的一生，从无到有，从有到无，这是科学的见解，但是宗教劝人为善，要求信徒做一个有爱心的人，诚实的人，这是有功德的。

（8）—

中国纺织品进出口公司浙江省分公司

便字第　　　　号

宜张说大大时还捉蟋蟀，童心未泯。我在40多岁已有三个孩子时，还用五彩塑料细绳编织了许多平面花篮贴挂满卧室。今年我70多岁又用彩色油光纸（太脆易破）及发来的广告纸折叠了许多千禧鹤串起来挂满客厅。我亦送给各位一只千禧鹤，以表我对你们的最美好祝福。

我由于思想上生活上挂牵和操劳少了，每天上午去学校半天，下午在家看多份报纸和书刊，晚上看电视。我又不爱外出活动，所以人胖了些。週一到周五，女儿陪着我周小外孙在读求是小学，双休日回他们自己的家。而另二个孩子则于双休日回家来。

我经常服的药是

1. 安定十非那根治失眠（天天服）
2. 诺福丁能去除我膝关节骨刺引起的痛感（痛得厉害时服）
3. 通泰治便秘
4. 我的肩周炎没有治疗而缓介了。
5. 我的牙齿一塌糊涂，我又不爱上医院。

汇报完毕，再谈了。

严徽华上
元宵节写

因电到邮局去寄又拖了几天。

XXV ⑨-⑪

渝州大学学报（自科版）编辑部用笺

诸位老同学：这次连环信（XXV）是在我龙年生日（2月29日）前夕收到的，令人颇有"双喜临门"之感。由于我的生日是2月29日，因此只有4年才生日一次，60岁时生日15次。记得有"谜"也是这样猜生日的日期，未遇此情的人有时难以想到，但我的外孙女在托儿所时，老师就让学生猜这个谜，而她竟即脱口而出"2月29日"。老师当时颇为惊奇，谁知她外公就是这天生日！除外我这一辈子真正的生日也只有60岁这一天，因为我在10、20、30、40、50岁时，要么没有2月29日，要么不是龙年，只有60岁时这天才真正既是龙年又有2月29日。而下次我真正生日就是120岁时的生日，难怪我60岁时重庆市政协主席和书记都为我几本祝寿词，来拙处亲说了一番，当时那位书记还说"要争取能吃到我120岁时的寿酒"。但那是不可能的事，我这辈子只想能活到80岁，因为那时才真正进入了老年人的行列（根据WHO有关规定：60岁是年青的老年，80岁才是真正老年人）而且那时我们两个外孙女也可能已是大学毕业了，我就放心了。此外那时又是我和老伴结婚50年（金婚）的日子，所以可谓"三喜临门"，哈哈，但愿如此！

在这轮连环信有几个同学提到"进入21世纪"的新，其实"2000年"还未进入21世纪，因为耶稣出生时就是"公元1年"，因此不存在"公元0年"，这样"2000年"就成为20世纪转入21世纪的"过渡年"，所以英国格林威治天文台再次呼吁"尚未进入21世纪"，由此有人把"2000年"称之为"世纪过渡年"，即由20世纪转入21世纪的"交接年"，也是不无道理的。另外2000年

CH002.401.96.03　电话：5313746—2019　邮编：630033

注：征辉姐的有关同志建议用封闭式信，我在年代曾有有关同志，争取按不按但经5次封闭（每年、每同一次），至今10多年未变。又及 谢拉德的干将

XIV ④-2

渝州大学学报（自科版）编辑部用笺

正是龙年，龙又是中国人的象征，而且在这千年的龙年只2000年，今后要到公元5000年才是龙年，公元3000、4000年都不是龙年，所以对今年龙年特别热烈地庆祝，也有其一定道理。

我近来也在学电脑，只是初有成效而已。目前打中英文信也已不成问题，打英文当然很容易，我很年轻时已学会了打字机，因此英文字母的排列我记忆犹新，但近几年我还不时打英文稿件。至于汉语的打字，我看了五笔字形难记忆，因此我想我的普通话说得汉语拼音，因为过去给外孙女辅导过汉语拼音，所以用汉语拼音较容易。我现在办公室的电脑是"Windows 98"，因此功能较全，开始我打"全拼音"感到速度太慢，后来我找到汉语拼音的"智能ABC"，这个程序中拼音太好打了，如打"中华人民共和国"七个字，只要打字母"ZHHRMGHG"8个字母，七个汉字就出现了，因为是这七个字的首字母拼音，但由于"中"是卷舌音，故用"ZH"两个字母，否则Z一个字母就不是"中"字，而可能是"总"字了。如"规划"两字，只打"GH"就出现了。以此类推，凡是有词的都可用拼音首字母打出来。只是由于南方人卷舌音与非卷舌音发音不太准确，有时要试打二次才出来。不过有空把有些卷舌音多看看字典（新华字典也可以）即可分辨。另外有些后鼻音也要分辨前后鼻音区别，如"因"字是"yin"而"应"字是后鼻音用"ying"。如能解决以上两个问题，则打"智能ABC"的汉语拼音我想几天即可学会。不过我现在还不能得心应手，熟练者，和有些同学说的一样"老了，不想学了"，也还不错了。以上一些体会供老载学打汉语时参考，是否有用，请试试看。

CH002.401.96.03　　电话：5313746—2019　　邮编：630033

XIV

渝州大学学报（自科版）编辑部用笺

从之问先的电话号码中我就发现他要发"，因为这7个号码竟有5个"8"（发）字，难怪他连年先进，现在很多地方（如电话号码、汽车牌照等）凡有"8"字的都要多给钱，不知闵问这5个"8"是否有什么含意？（开个玩笑！）

关于健身的问题，王德普提出"家务劳动"，我赞成，有其理由。我在几年前看到一个统计报告，在5个省市中100岁90岁以上的人，80%以上是农村做家务事的妇女。作者解释这些人做家务事（在农村不外乎煮饭、打猪草、种自留地等），这些事都属轻劳动，对人体各器官功能的调整起一定作用，而且不是重体力，不伤耗太多精气，因此各器官都很正常地协调工作，也体现了"生命在于运动"。

至于"气功"我一向不信，我曾在10年前听过一次气功报告，报告人是"气功"杂志的主编，当时他讲的有些气功理论我无法接受。如当场他发功，有人身上的包块（指肿瘤或淋巴结）就消了。（这是精神治疗）他有一点很对，他告诫我们不要做气功就迷信。他举一个例子，有个病人肝炎多年未好，有人建议他每天念一百零八次观音菩萨，每天念唸拜108次，他做半年多就好了。他说其实他每天108次唸唸就是气功，目的是思想单一、虔诚，这样气功就有效。他说如果他每天不是念观音，而是念个这小狗，每天也是108次，也许一样效果，只是念小狗就不信、不虔诚，因此无效。所以他不要相信拜菩萨会治病。我认为"气功"之所以有市场，一是人民的文化素质低，二是（也是主要的原因）愚昧。如不更好地抓紧提高人民素质，将来也许还会出现别的迷信气功，甚至会和"也一样，进入死胡同。

我的脑膜间歇出血，每天早上走40—50分钟，B口服维生素，已大有好转。谢谢大家关心！

最后祝宜认先生接收厚，写到功成*！　宁寡爱　2月28日

CH002.401.96.03　电话：[illegible]13746—2019　邮编：630033

*注：宁其人是"写到成功"，但学写到"是主谓结构，而成功只能作名词，而动词"成功"才是主谓结构，与前者一致。

十四轮 (10)-1 (11)

接到第十四轮巡环信时正值台湾大选之日。一面看连环信，一面又忙于看凤凰卫视有关台湾大选的消息。终于把写回信时间耽误了。得知大家身体都很好。对我们老年人来说，健康是最大的幸福。这次大家都谈养生之道，都很有见解。我订了"中国医学论坛报"去年底几期连续刊出了有关"高血压"的预防。我看了有一篇"高血压的一级预防"，从饮食，运动到心理平衡。其中"一二三四五，红黄绿白黑"，"运动的三五七"，和"三个半分钟和三个半小时"都很有意义。我复印了两份。一份寄给胖兄；（因为我最担心他老兄的身体）另一份给大家传阅。燕程觉得喝猪排骨头汤补钙脂肪太多。这很容易解解决。只要把汤熬好放到冰箱里一晚第二天油都凝成硬块，很容易去掉的。我经常给经济条件差的病人介绍，效果很不错。其实骨质疏松主要是破骨机制和成骨机制不平衡所致。很早以前林巧稚教授就说

装订线

货号207 Ch078.55.971

第　　页

十四轮 (10)-2 (2)

出现更年期的骨质疏松尚常补充些激素（小量）目前市上有产品叫“妇复春”和“利维爱”等。柯柯的骨折估计系由于此。只是这是妇科的事。我对此没有经验。（门诊这种病例是多见）不妨找妇科咨询一下。再补钙可能会更好些。

柯柯想来西南旅游，十分欢迎。我建议最好能乘游三峡。坐船是最舒服的。柯柯不妨一试。

来函计算机如此普遍，令人钦羡。我对此还有兴趣。只是生性疏懒，看来是学不会的了。

宜静出去由校医学院，说要抓基础。我很同意。但我认为医德更为重要。要抓医德须先从医院的制度着手。因为现在医院一些过去行之有效的制度都已取消。如住院医生的24小时负责制，晚巡视差不多都没有了。（包括有些教学医院）我有一个朋友，星期六进医院星期一早上就去世了。而竟然没有一个医生查过体，当然也没有完成病历。是什么病也没有弄清楚（这还是省立医院）我们医院也不例外

十四轮(13) ⑩—3

就我上次心梗入院，除入院时用心电图监测外，没有一个医生来给我作全身检查的，所以我说过去的医院制度应该恢复才好。不晓得各位可记得我们毕业时谢师宴上有个老师，好象是口腔科的讲一个笑话，说有个医生死后因为生前害人被送到十八层地狱，想不到底下还有一层，有个人在下面哭，问他，他说他又当医生又当老师，不但害人，还误人子弟，才被送到19层。陈院士你可要当心！当然这是笑话，别生气，[illegible]。你不是医生当然不会去！谈笑，你是不会去19层的了。谢谢您的千纸鹤!!

征辉看来心情很好，从字里行间可以看得出来。[illegible]病千万保重，这病併发症最多。[illegible]而忙，不要太累了，年岁不饶人！

不多写了，就此搁笔！

祝诸位身体健康，合家欢乐

宋鲍[illegible]

2000-3-28

14轮⑪
p1042

大连医学院

诸位老同学：

四月一日喜获第14轮"连环信"。内容极丰富。距上次收信历时5个月稍多。在此期间我生活如旧，可谓"无善可述"。但有数事或值得向诸位报告：一曰：协助修订词典已告竣工。全书计有600余页，收词6000余条，例句6000余句。均经逐字逐句输入电脑，按一定格式编排，初版已发现的错误均加以改正，并新增补若干条。本来，科学普及出版社表示愿出版，所以已将样稿50页寄去。后来，编辑来电话告知因体制改革，利润指标分解到人，能否审批不大乐观云云。看来前途未卜。自费出版既无此财力亦无必要。我原非为名利，只是为了帮助原编著人了却心愿，而且认为此书确有价值。但销路必然有限，能否给出版社创造利润恐很难说。不过时间没有白费，通过用电脑工作学会了许多本领，也使我在一年半时间内心有所用。二曰：治疗宿疾大有好转。除股骨头坏死系外伤引起外，尚未发现其他慢性病。但小腿静脉曲张及痔系多年宿疾。前者因对侧骨折后负重加大逐渐形成。痔则因近年坐的时间加多，故有逐渐加重之势，常脱出肛门。去年承柯士防关心我的股骨头坏死治疗问题，特地来信介绍"利德治疗仪"，当时不知道此地何处有售。后来偶而听见中央人民广播电台"健康之声"广播，得知本地代销处地址，就去买了一台。说明书把上述两种病及股骨头坏死都列为适应症。将信将疑使用一疗程（15天）后痔的症状明显减轻，再用15天，效果更明显。现正在第三个疗程，脱出血均消失，不由得不信。对其他两种病的作用尚待观察。我对治疗效果和因果关系的判断素来谨慎，这次至少认为短期疗效是肯定的。据说对20余种慢性病有效，包括脑血栓后遗症、冠心

XIV-(11)-p2

大連醫学院

病、糖尿病、高血压等。宣传声势空前，但不在媒体上直接作广告，而是采用电话咨询"专家"答疑的方式。在中央电台几乎每天上下午各有一小时"健康之声"（大概每周有6天），由该公司包办。可见……有意试一试的，不妨先听一听。三曰：电脑已连国际网，走上网络化。利用e-mail已和国内外亲友多次通信，春节还给宜张、仁宝发去贺卡。网上信息资源无穷，但感兴趣的有限。国内的信息量有限（据说有一万多个网点。过去浙医大有一个，合并后的浙大点我们访问过1次，英文，更新慢，兴趣索然。），全球据说有200万个以上。感到英文程度还差一些。可惜现在不工作了，那么多资源大多用不上。每月因此多付给电信局50元左右。

四校合并它用的是"amalgamate"一字，我过去只知amalgam是"汞齐"。看到它用这个字觉得很有趣。

现清明已过，今春就不到外地去了。柯、舒主张（而且身体也行）多旅游，我极赞成。但因足疾不得不特别小心。听说知贤兄不日将来大连，翘首以待。电脑摆弄得怎么样了？待兄到来切磋。鲍兄有了电脑，又怨记不住。诀窍是：只要买几本书，学什么就看什么，象查字典似的，边学边看，就可解决问题，没有多少非记住不可的东西。书也不必多，因大都很贵。如用"Windows 98"操作系统，买一本"用户伴侣"之类；如用办公（包括文字处理）软件"Office 97"则买一本教程（我因只用其中的Word 97，只买讲这个软件的书），上网也买一本书看看（e-mail用法也在其中）。现在不敢称"无师自通"，但可说"无师自用"，"通"不必，能用足矣。如参加"等级考试"也定连初级也通不过的。

因要赶紧送给冯兄，不敢久留。他也定有许多话要说。与连环信下半年再会了。

来国速
2000-4-5
16:00 pm

XIV轮⑫—1

诸位学长：您们好！　　　　第 1 页

欣接连环信，读了几遍，如同老友们聚在一起谈心，交流各种经验和看法、相互关怀和鼓励，感到非常亲切！每次读到此，总觉得心头热呼呼的，许多忧愁和烦恼也都消散了可见这股悠久的友情的力量之大！真如起立兄说的，这跨世纪的连环信，14轮经历了六年整，循环游遍全国东西南北，把我们的心连在一起，真是太可珍贵了。起立兄提起缅怀已谢世的望耀、轶白和鸿璋三位学长，他们的音容仿佛仍活生生地印在我们的脑海中。还有黄徽远学长，分别40多年再见到他时已成为不能说话的“植物人”了，这是多么令人伤感的事啊！可是我最难忘的事是他在50年离校前同我谈话的情景。当时我建议他还是把医学院读毕业再吧，他说医学不能救中国，只有革命才能救中国，孙中山本来是医生，感到治病救人但不能救国，终于走上革命的道路。徽远兄那种义无反顾的毅然决然的音容是我终生难忘的。如今我们都已是七十多岁的人啦，常常会回忆往事，总是会为一些老友间的难忘的情景感叹不已的。

宜张兄出长母校为时不长，但做了不少好事，口碑交誉，值得庆贺！以宜张兄的热情与爽直，阅历见解又不凡，今后一定还可为母校的发展作更多的贡献。当然每位成功的男子身后都有一位伟大的女性在支持着他的，仁宗学长的功劳自不可没。仁宗学长提到年老了记忆力大不如年轻读大学时，我也深有同感。我那时候记忆力强，平日不用功也不要紧，临考试前开一二个夜车也

RN鲍（2）—2

第2页

总能够应付过去。现在我的记忆力可不行了，经常忘事、丢三拉四，有些资料反复看还是记不住。有些是刚看过读过就忘记了。有不少熟人遇到时居然会一时想不起其姓名来，真是自感苦恼。仁宝学姐居然对宗教问题发表了许多高见，令我大感意外，也很赞同和佩服她的一些看法。在这一轮连环信中，很多学长都对法轮功、气功、宗教、迷信等论题发表了自己的看法，我认为都很有见地，很受启发和教益。原来我亦在此信笺直书，洋洋洒洒乱发了一通自己的谬见，临发信前再看了一遍，觉得很不妥当。一是词不达意，说不清楚，我的有些说法是唯心主义、虚无主义的，毫无科学依据，站不住脚，有辱清听。二是一大堆废话，浪费了连环信的宝贵篇幅，对不住大家。所以删去了近3页，将信重写了一遍再寄（又耽误了时间，请原谅）

谢谢诸位学长的关怀！谢谢徽辉学姐亲手折叠的千纸鹤，我选留了一只，愿它赐我幸运，使我能从目前遭遇的困境中解脱出来。谢谢鲍兄惠赠的复印保健资料，我当遵嘱身体力行。英含兄总结了老年健康长寿六条也非常好，很实用。尤其是第6条"生活上知足感，不患得患失……"极有道理，既容易做到，又极不易做到，且常常被人们所忽视。古人说的"淡（澹）泊明志"大概就是指此而言的，我感到似乎人到老年以后，对此的体会才能更加深刻些。鲍兄、兹爱兄、英含兄、士钫姐等对颈椎病、腰椎间盘突出症及股骨头坏死等的保健疗法，都提出了很

XIV轮⑫—3

第 3 页

宝贵的实践经验，我很受教益，将来可以介绍给患者们广为推行。燕樑兄指出我推荐的猪骨头汤中含脂肪太高，毓兄介绍可加以冷藏后分离其浮脂，都很切合实际，谢谢你们的指正。我过去在市老干部大学讲《老年营养学》课时，也是这样介绍的。此汤的做法关键是在于加大量的白醋，用压力锅上气后微火焖20-30分钟后，使骨钙与稀醋酸充分结合成醋酸钙（压力锅排气阀的气中闻不到醋味），使其解离度大大增加以利吸收。汤中还可加入少量食盐、味精以调味。骨汤中上浮的油脂可趁热用匙撇去，或待冷却冻结后刮去作他用。其实骨髓的脂质中含磷脂很高，它不仅营养价值高，而且又能抑制胆固醇的吸收，这浮脂如用来做酥油饼或下面条吃，很受孩子们欢迎。老干部学员们应用后反映都不错。

诸位学长老当益壮、孜孜不倦的精神，令弟非常敬佩！陈院士的杰出贡献、英含兄的数学钻研不辍、纯香姐的新药研制、匡速兄的医学辞典巨著（电脑编出）、之同兄的四次受奖，都是非常杰出的，为我级友争光。之同兄家电话号码中有5个8（发）字，我想不久定还可以再得一次大奖，一笑。英含兄的孙辈如此学习优秀，令人羡杀！我想这不仅与遗传因素有关，更主要的是英含兄教育有方，而且言传身教有所致也。戴兄许多谈论，我特别爱听（看），到底是钻研政治和哲学的，很多问题谈起来非常透彻，见解深刻，而且娓娓

XIV乾⑫—4

第 4 页

动听、幽默风趣。戴兄提到金庸小说迷，我也是其"迷"之一。前几年曾从邻居某退休教授处陆续借来14部，通读了一遍，极有兴味，也是老年退休后，才有闲暇了此夙愿也。因为作者查良镛先生当年（抗战时）是我在浙江景宁联初时高班学长（曾有一面之缘），所以还有一点景仰之情，难为他居然写得出如此生动的人物和情节来。读这类小说可以不联系当今的现实世界，不受某些心灵冲击，在相对而言比较虚幻的思想境界里自由遨翔，读起来自觉津津有味，对某些带悲剧性质的人物（如《天龙八部》中的萧峰）还往往有久久难以释怀的感情。回忆当年在浙大时铁白兄对武侠小说独有癖好，自不难理解。士锈姐提出的老年时宜抓紧旅游之说，我极为赞成。可惜我以后可能不大有缘份了，不仅体力不佳，而且老伴患重病，亟需我的陪侍和护理。

我的老伴张慧云同志近一年来一直苦于患搔痒症，皮肤等受了不少罪。去年12月20日突然发生严重的黄疸，经血液化验及B超检查后，诊断为"阻塞性黄疸"，在肝胆管出肝水平处受肿大而融合成块的淋巴结压迫，于12月23日入院住外科治疗，作CT检查诊断亦同B超，为胰头后方、腹主动脉前有占位性病变（4.5×6cm）。入院后先着手清除胆道的阻塞、消除黄疸症状，而对此肿大淋巴结的性质是否系癌症转移也有待于除外。对于作肝肠间的胆道内引流手术，也因病变位置太高、患者肝功太差（GPT达640 Iu/L），手术风险太大而使外科大夫不敢动刀。当时还

XVIII 沧⑫-5

第 5 页

麻烦了宣张兄、贤伉俪代为请沪地的专家们会诊，提出了宝贵的意见。在此我要特地向宣张和仁宝学长深切致谢！你们给了我最大的支持和关怀！付出了许多时间与精力！后来老伴终于同意作PTCD（"经皮经肝穿刺胆管引流"）术（1/2日作），在X线造影和透视下将一进口的硅胶导管（约3000元）插入肝内扩大的肝胆管中，每天可引流出肝胆汁500~600ml，黄疸即日渐消除（肿块缩小，引流出的肝胆汁已很少，即可拔除引流导管）。2月下旬转至肿瘤放疗科，对肿大的淋巴结作Co^{60}放射治疗。肿瘤科根据病情（多处淋巴结肿大，发展较快）认为可能是淋巴瘤，遂作了颈部肿大的淋巴结的摘除和活检，临床病理确诊为"弥漫性大细胞型淋巴瘤"（为非霍奇金氏淋巴瘤NHL的一种）虽属中等度恶性，但为晚期（III-IV期）因膈上下都已有分布。此病以化疗有效果较好，所以即改为化疗（CHOP方案，即用环磷酰胺、长春新碱、阿霉素和泼尼松）为主，放疗（钴^{60}）为辅。化疗是5天一个疗程，休息16天再作下一疗程，一般约需作6个疗程。现已进行了3个疗程，"五一"节后将进行第4疗程。化疗的效果很好，肝门处的淋巴结肿块缩小了许多，作完第二疗程后，B超检查该肿块已从化疗前的7×10cm（比入院时大了一半多）（C.T.）缩小到2.8×2.0cm，（缩小了2/3），胆管已畅通，胆囊亦充盈，大便色泽正常，黄疸全消，肝功全部正常（GPT由640Iu降至32Iu/L）看来还是极有希望的（只是化疗反应大，白细胞曾一度降至1400个/cmm）多些，这四个多月来，我每天早出晚归，整天都在照顾她，心力交瘁，但这是应该的，义不容辞的，也是很值得的。老来深觉夫妻感情之珍贵也。然暂就此搁笔，容再告。

学弟镇沧敬上　2000.4.26

第14號 ⑬—1

诸位老同学：春暖花开，信到北京。正如春节至元宵节，信在杭州徐王柯严四家传送，听声声炮竹、阵阵欢笑一样。

这次来信，份量重，内容极其丰富，读后感想很多。如要一一评说，只恐篇幅太长，只好长话短说。健康长寿成为老年人群的中心话题。老年报刊，校友通信，亲朋聚会，都谈这个话题。我也看过"一二三四五，红黄绿白黑"，剪贴好些"经验之谈"。有一篇《宽心谣》很有意思："日出东海落西山，愁也一天，喜也一天；遇事不钻牛角尖，人也舒坦，心也舒坦；每月领取退休钱，多也喜欢，少也喜欢；……"但是有许多经验、知识，知之则易，行之则难。比如按摩脚底板，一回几十下，每日早晚，持之以恒，肯定有好处，但我做不到。有一位老先生总结出"健康长寿三字经、四字经"，非常好。但他说的"化解烦恼"的金经之一，是"视死如归"，这一条我知道很对，但我做不到。我明明知道很多人都是带着"未竟的事业"而抱憾终天的。但我总觉得还有一些期盼（如外孙女才上初三），一些牵挂放心不下，所以不那么痛痛快快地"视"之"如归"。

鲍兄所附的《中国医学论坛报》，我老伴已去复印了三份，谢谢！

2.

慈爱的信，纠正了我关于"二十一世纪"的观念；他介绍的电脑上使用的"汉语智能ABC"使我感兴趣。但时至今日，我还只会"临渊羡鱼"，而不肯"退而结网"，所以暂时不敢谈学电脑之事。

读匡达信，深感知识分子一大苦恼，是写书编书，千辛万苦，都难以与读者见面。好在来君能自我化解。镇沅上次介绍的骨头汤，我老伴马上"如法炮制"，前后熬了三次，第一次醋放多了，后两次较好。冯夫人患重病，我早听大连的一位老同学说起。镇沅四个多月，每天早出晚归，心力交瘁，非常辛苦。在这种情况下，要适当注意保重自己身体。我本来打算去大连。有一位在辽宁师大的好友，去年初患鼻咽癌，我想去看望他。今年二月底接到他的来信，说癌肿已消除，但四月二十六日晚上得到消息，他去世了，第二天开追悼会。来不及了！！这位同志，豁达开朗，真是不怕"鬼"，不信邪。但他也不怕烟，不怕酒，结果有可能因烟致癌。（老艺术家赵丽蓉也因长期吸烟，现已癌症晚期。）

宜强说："70多岁的老人，说不定那一天会出事的。"这是真话，身边眼前的例子也一个两个。在诸位中间，

第 页

3.

我的年龄最大。我的特征是很瘦，像那位海灯法师似的。我不会"一指禅"，我的营养比他好，可以比他多活几年。我担心的是没有预兆的突发性的病变以致于临时措手不及。有心血、脑血症状的人，经常警惕、服药，小心谨慎，出了问题，也早有防备。我一般不吃药。春节期间（之前），北京极冷，天天-10°C以下低温，北京晚报说是"十年冻一回"。我太大意了，上公园，衣服穿少了，感冒咳嗽，中药无效，吃了三天"阿莫仙灵"，总好了。有些朋友说他自己是"一把一把地吃药"，我听了吓一跳。但他们天天有防备，比我好。

"千禧鹤"，多好听的名字，留下一只。

马大哈王纯番把我的"[十八]"字写成了"[艹八]"。"[十八]"是我们那边人的独创，意思是"戴"字十八画，所以写成"[十八]"，其实只有十七画。"[艹八]"，八卦上头长青草，不知是凶是吉？

宜将的贺卡早已收到，几句关于任职理由的话，语重心长。屯之回信也早已收到。"最近身体还好"，可贺！"心底无私天地宽"，不是"阔"。"宽"字押韵，而且是平声字。阔字不押韵，而且是仄声字。借来君话："连环信，下半年再会！" [redacted] 戴知贤

2000，5，10

诸位老同学：

XIV轮连环信带来好多珍贵信息，14年来起着坚强纽带作用，实为我班之幸。此时更令人怀念望耀、鸿璋、铁夫、徽遠诸兄。信中大家谈的较多是信教问题，我觉得宗教和邪教不能相提并论，宗教的事现在还是个世界难题，群体大，人数多，暂时还不好解决，只要劝人为善，不被坏人利用，不如顺其"自然"。我们宿舍里信各种教的老人都有，一般给人印象是和蔼可亲，热心公益事业，不干越轨之事，目前至少是个稳定因素。

之胡所云高校录取线不能一碗水端平，也是事实。天津比河北省录取线低的多，名额超出不少，毕业分配在大城市，外地考生毕业分配入津都有名额限制，进津还要数目不菲的入城配套费，实在不公。之胡所写那句英语我记得是陈美珍老太太在上小儿科时曾说过。英会兄小孙去年考入大学，两个外孙在重点中学分别获年级班级第一，值得庆贺，这也是英会兄言传身教、潜移默化的结果。读到老李"香港之忧"竟为水电费担心，读来令人心酸。目前台湾大学教授工资待遇比大陆高出50～60倍，两岸如此悬殊，统一不易，人材外流恐怕也是原因之一。柯夕的颈椎病摇动颈部加按摩法值得推行，你的老同学等都和很惦记你，让我一定代为问好，她就住在我隔壁的门洞里。绝香姐筹建研究所中批准新药，心想事成，我国就是缺乏这类型的高科技学者。徽舒姐附来的千禧鹤我留了一只，挑的带有鸿福字样的，在此多谢！

老冯夫人晓慧之同志，我有幸在63年暑假大连医学院请刘祖洞等办人类遗传学讲座时与張汇泉老教授到老冯家中午夕时见过一面，冯嫂端庄贤淑，待人热情，个高大，印象颇深

装

订

线

一晃已是37年了。此次因淋巴瘤入院，放疗化疗，寝食不安，幸有老冯夫人陪伴几个月来早出晚归，心力交瘁。所谓少年夫妻老来伴，子孙孝顺也不如老伴配合默契，护理得当。希望老冯能顺利闯过6关，化疗效果好，但到最后二、三疗程反应越大，我有一位孙女因患类癌，化疗后白血球、血小板降到极限，不得不停止给药，盼望老冯能早日康复。

我的糖尿病靠打针吃药尽量控制血糖在低限，24小时尿糖排出量不超过5克，这样可延缓合并症出现，谢谢鲍兄和各位老同学的关怀。

北方的几次大沙暴，天津也沾了边，据说沙尘来自内蒙额济纳旗，黑河是水源，被在张掖的一座水坝把祁连山的雪水全给截断了，弄得中下游滴水不得，水美草肥的额济纳旗河湖成了荒漠，几百年的胡杨树垂死，地方保护主义和诸侯各自为政，对中国的荒漠化，水土流失犯下了不可饶恕的罪过。

近看重庆台播放"重庆新面貌"，看到重庆变化极大，房屋建设规模比天津大，近又建成江边铁路和计划中的新修铁路，大西南的发展气势雄伟，加以三峡水库不日告成，前途未可限量，慧贤、鲍兄晚年安乐有加，幸甚幸甚！

祝各位老同学身体健康

章燕程 5.25

天津文批监制　　14—4521 · 914×11　　第　　页

五、《钱江晚报》报道“连环信”

2019.5.21 星期二 责任编辑/版面设计:杨业 电话:96068 14

钱江晚报 | 教育·新闻

浙大122周年校庆日，我们被医学院1946级学生的故事暖哭了

一封写了21年的连环信 一段持续70多年的同窗情

本报首席记者 王湛　通讯员 张鑫 刘苏蒙 柯溢能 胡琪宣

今天是浙大建校122周年纪念日。接下来要写的这个故事，正好应景。

摆在钱报记者面前的，是厚厚一叠信纸。这是一封“连环信”，整整写了21年。写信的，是浙大1946级的学生，他们是浙大医学院首届毕业生。他们都是医学各科的教授，其中不乏中科院院士、学科负责人、医学院院长等。

所谓“连环信”，类似“漂流瓶”。同窗之间，一个给另一个写信，然后循环下去，一轮过后，信又回到自己手中。到2014年，信件已循环了约50轮，一共700多张信纸。21年来，同窗之间就是用这种传统又温暖的方式，维系着感情。

随着年岁增长，多数“连环信”的参与者均已故去，连环信的温情故事也即将消散在历史里。因此，才弥足珍贵。

浙江24小时APP

更多“连环信”故事和信件内容，请扫描二维码观看。

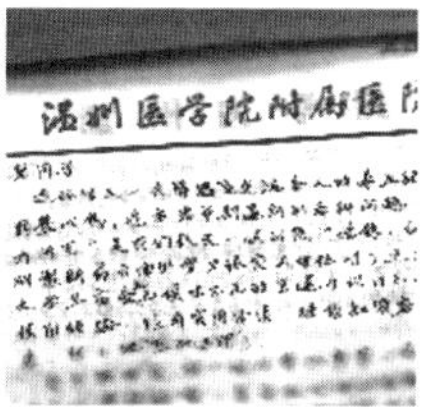

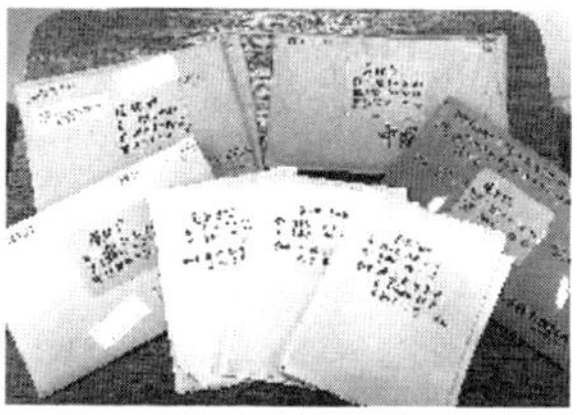

持续了21年的“连环信”，其中的部分信件。

马老师整理母亲遗物时 发现一沓被细心珍藏的信件

尘封多年的“连环信”往事被揭开，缘于浙大老师马衡在整理母亲严徵辉遗物时的发现：一封封书写工整的信件被细心封存，每封信的页角均被编号标记。信件中还夹带着当年的草稿，显示出书写者之严谨以及对信件的重视。马衡意识到，这便是母亲多年来所寄“连环信”的原稿。

后来，我们找到了“连环信”的发起人，他是浙大医学院首届毕业生陈宜张。写连环信的初衷，是浙大医学院首届毕业生们维系彼此感情的一个方式。

陈宜张说，活动是在1993年3月发起，参与“连环信”的共有14位同学，分别住在北京、天津、上海、杭州、温州、重庆、成都、大连等地。按照事先约定的寄信顺序，第一封信从上海陈宜张处发出，每经停一处便添加一封信，最终连环信再次回到上海陈宜张手中时，便集齐14封。

为了防止“连环信”越寄越厚，每位同学会在下一轮邮寄中，取出自己的上一封信。这样能够保证每个人都能看到自己写的信，而自己写的信也由自己保存，这也是马衡发现母亲的那沓细心珍藏的信件的由来。

同时，大家约定用薄得透亮的稿纸写信，以减轻信件的重量。

作为发起者，陈宜张将2004年之间所有经手过的信件，都留了复印件。“连环信”一直写到2014年，之前的21年通信从未间断，以每年循环两三轮计算，至少已经进行了50轮，累计写了700多封信。

每次收信写信 都是一件很隆重的事

“连环信”延续多年，早已成为参与的老人们日常生活的一部分。在马衡的印象中，收发“连环信”是母亲严徵辉生活中一件“很隆重的事情”。每当“连环信”的上一任经手者柯士钫要来上门送信，严徵辉便会起个大早，兴奋地在家中等待信件的到来。而严徵辉也曾在信件中描述了自己对“连环信”的盼望：“收到信便迫不及待阅读，以至于一顿饭竟断断续续吃了两个小时。”

对“连环信”十分重视的，并不止严徵辉一人。“连环信”的参与者冯镇沅晚年有视力障碍，手也没劲，写一页字要花一两个小时。但他的每一封信，都写得非常工整，有时甚至洋洋洒洒写下三四页。家住大连的来匡逮为了不耽误“连环信”进程，曾经在大雪未化之时冒雪送信至邮局，并在信中为自己的“延误”连连致歉。

严徵辉的最后一封信，是儿子马衡帮忙寄出的。2008年，严徵辉去世前一个月，眼睛已经基本看不见了，但她仍然在病床上摸摸索索地写完了她生前最后一封“连环信”。一个月后，严徵辉溘然长逝，“连环信”的停靠站点又减少了一个。

目前，浙大医学院首届毕业生中，互相保持联系的仅剩陈宜张和妻子徐仁宝，以及徐英含。这几位90多岁高龄的老同学，也早已不再写“连环信”了。因为“站点”越来越少，“连环信”已经失去了存在的意义。

发起人陈宜张说：“到2013年左右，许多同学渐渐失去音讯，连环信也就进行不下去了。现在我们主要通过电话联系。”在2018年年底，他与妻子徐仁宝为徐英含寄去了一张久违的明信片，祝贺他新年快乐。

这群浙大出身的医学教授 见证了共和国卫生事业的发展

“连环信”沟通了身处天南海北的老同学的感情，也帮助他们不断回忆自己的青春岁月。

浙大医学院成立于1946年。那时，浙大刚刚结束十年西迁，从贵州遵义、湄潭搬回到杭州。一切百废待兴，医学院就在这样艰苦朴素、从无到有的环境中发展起来。医学院首届毕业生14人中，有数人是主动从原先的物理系、外文系、机械系等转专业过来的。

“当年的医学专业学制是7年。别人大学都读4年，谁愿意读7年？”马衡老师说，他的母亲严徵辉就是从外文系转而学医的，“他们那代人常说，国家困难，只有做医生才能直接服务社会。”

杭州解放初期，许多同学生活困难，只好在课余时间做豆浆、加工木箱、绘制教学挂图等，半工半读，自力更生。教微生物学的教师钮家琪看大家工读辛苦，建议医学系同学试制伤寒霍乱疫苗。同学们制成的疫苗被杭州市卫生防疫站收购，卖得460万元旧人民币（大约普通人一年的工资）。这笔钱被作为互助基金，用于帮助交伙食费有困难的同学。临近毕业，这笔钱还剩下159万元旧币，同学们悉数捐出，用于抗美援朝志愿军部队购买飞机大炮。当年的银行收据，直到毕业多年后仍被细心留存。

这一届毕业生，后来分配到全国各地工作，基本都成了医学各科的翘楚。阴差阳错成了法医的徐英含先生，后来成了我国法医病理学最著名的专家之一，被称为法医界的“福尔摩斯”，为中国法医学发展做出了重大贡献。

14名同学天各一方，彼此依靠信件联系。由于工作变迁、个人发展等原因，班级内的信件往来时断时续，直到1993年才重续前缘。于是，才有了陈宜张发起的“连环信”，以及之后持续了21年的温情同窗往事。

记者手记

字里行间感受同窗情

现在，还在通过纸质信件交流的人，多半会被身边人称为“老古董”。毕竟，各种实时的通讯方式实在太方便了。身处数字时代的我们，处于当下“无时差”交往模式中的我们，似乎再难体会到那种鸿雁传书的感觉。

在采访过程中，我有幸翻阅了当年那些“连环信”。那微微褪色的一笔一划，都含有感悟、带着力气，是电脑、电话所无法代替的。正如“连环信”中来匡逮先生所说：“老同学在年初祝贺新年的声音，我直到5月23日才听见。这声音从东到西、从南到北，从冬到春，从春到夏，友情就这么传递着、联系着。思想起来，还挺有意思。”

沥干时间的浪花回头看，这份同学间的祝福才更显珍贵。

下面摘抄两位先生的信件，体味一下这段难得的同窗情谊——

回顾以往生涯，浙大的情景最值得怀念。校风淳朴，同学们真诚相待，学有收获，就是生活艰苦，不知老冯还记得不，晚上到小店里喝三分钱一碗的肉骨头粥。校门口旁食品店买敲瘪橄榄，一次只买一个，还吃得津津有味，我记得这是王纯香起的头。

——章燕程先生

年轻教师讲课用多媒体，我却不会，我崇拜过去贝时璋教授给我们讲授比较解剖，不带讲稿，一手写粉笔字，一手绘图。我当然做不到贝老师那种两手齐用，心手一致的程度。但不带讲稿，讲一连四节课还是做得到的。对多媒体只好望洋兴叹了。

——徐英含先生

第四编

毕业后回访母校

本编记录了同学们相互间的怀念和对母校浙江大学的怀念。这 10 多位同学相互间的怀念和对母校浙江大学的怀念是纠集在一起的。他们曾多次回杭州母校聚会。1994 年有过一次，到了 9 人。1997 年浙大 100 周年校庆又有一次，到了 9 人。2011 年是他们离开浙大 60 周年，他们再次聚会杭州，到了 8 人，其中有 4 人分别来自成都、大连、福州，都请人陪同，其中一人是坐轮椅来的。

一、浙大 100 周年校庆级友聚会记

冯镇沅

级友 9 人于 1997 年 4 月 1 日至 3 日在杭州重聚，并参加母校百年校庆。

3 月 28 日，匡逮和我到杭。30 日慈爱偕夫人周郁芳到杭，寓纯香家中。次日，宜张和仁宝专车抵杭。至此，参加聚会的级友全部至杭并取得联系。

3 月 31 日，纯香邀请慈爱伉俪、匡逮与我等泛舟西湖，畅游三潭映月诸名胜，并在楼外楼午餐。晚间士钫设丰盛家宴款待，宾主尽欢。

4 月 1 日上午，由宜张偕外地级友代表慈爱、仁宝与我，先后拜访楼福庆、赵易、裘茗芗等老师。中午宜张在联合阁（谐音为“联合国”）大酒店设宴，级友畅叙离情，怀念往事与未到会的级友。另外，因适逢浙江医科大学 85 周年院庆，由宜张请上海书法家协会会长题写立轴，以全体级友名义表示祝贺（贺词为“桃李沐师恩”，已于校庆纪念大会前送给校领导）。

4 月 2 日，英含邀请级友参观杭州市著名的萧山县（今杭州市萧山区）红山农场纺织印染联合企业，由向生书记（英含贤婿）介绍和引导参观，中午设盛宴招待。大家对农村发展之迅速及职工住宅之豪华，赞叹不已。晚 6 时在杭州大华饭店，参加浙江大学医学院 1946—1951 届在杭校友醵资祝贺王季午校长 90 华诞的宴会，出席者 40 余人，由我代表级友致贺词。寿翁季午先生神采矍铄，与各届校友分别合影留念。

4 月 3 日，由浙江医科大学派车送往浙江大学参加百年校庆纪念大会。据报道，与会者达 4 万人，盛况轰动杭城。详情另见连环信后所附次日《钱江晚报》报道。

报到后每人得到特制黄色提袋 1 个，内有校友证（胸牌）、纪念章、校报特刊、《校庆活动指南》及餐券等。袋上印有“浙江大学建校一百周年”字样及纪念章图案。纪念章上方为三角形校徽上的展翅雄鹰，下缀“100”及

“1897—1997” 字样。我们在图书馆前可桢先生铜像前摄影留念，宜张属于贵宾坐于主席台上，故未在其中。

4 月 4 日上午，宜张应邀在浙大做学术报告。中午宜张、仁宝偕慈爱伉俪在纯香家门前登车赴沪。“明日巴陵道，秋山又几重”，“何当重相见，樽酒慰离颜”。

镇　沅

1997 年 6 月补记

二、离校 60 年重聚浙大记

冯镇沅

2011 年 10 月 11 日，我们浙江大学医学院首届（1946 级）毕业同学 8 人（陈宜张、徐英含、徐仁宝、柯士钫、鲍亦钟、阮光烈、来匡逮、冯镇沅），依约齐集杭州浙江大学母校，参加离校 60 周年的校友聚会。

我们是 1946 年秋考入浙江大学医学院的，属于首届学生，报到时才 20 余名。当时学制定为 7 年，其中预科 2 年、本科 4 年、临床实习 1 年。毕业时只剩 15 名学生，其中 7 名还是中途由其他院系转过来的。1951 年我们已进入临床实习，卫生部统一分配我们作为高级医学师资培养 1—2 年，再派到各医学院校执教基础医学课。1951 年 9 月 1 日，我们离开母校浙大，分赴祖国各地，至今已经整整 60 年了。

这次聚会是老大哥鲍亦钟发起的（他今年 89 岁，1943 年在贵州进入浙大物理系，和李政道学长同班），陈宜张和徐英含负责筹划、组织和联系。浙大校本部和医学部的领导都非常重视和支持，特地为我们的活动和食宿做了十分周到和细致的安排，并由医学部党政办公室副主任任桑桑全程陪同。对此盛情款待，我们都极为感激。

10 月 10 日下午，由成都、福州和大连远道来的鲍亦钟、阮光烈、来匡逮、冯镇沅 4 位级友，抵达杭州报到，即被安排在灵峰山庄住宿。当晚级友们就开始阔别 60 年的欢聚和畅谈。抚今忆昔，心情非常激动，也很愉快。

11 月 11 日上午 9 时，大家在灵峰山庄会齐，由校方派车接送至浙大紫金港校区医学部的会议室开会，由吴弘萍副书记主持。来茂德副校长、医学部段树民主任、陈智书记、罗建红常务副院长都很重视我们的聚会，莅临参加。各位领导均讲了话，向我们致以热烈的欢迎，并用屏幕影像给我们展示了母校近年来发展的珍贵史料，详尽地介绍了这些年来母校的巨大发展和辉煌成就。博士和硕士研究生的培养都是数以千计；本科生培养更是数以万计；教师队伍的建设，亦有飞跃的发展；科研论文的发表数量和质量，在国内均名列前茅，并有多项重大的科研成果问世；校舍建设和长远发展规划，亦都安排得很好。这一切都极其鼓舞人心，使我们为母校的飞速发展，激动不已。

徐英含代表我们全体级友发了言，向母校汇报了级友们离校60年来，在“求是”校训的鼓励下，为祖国建设所做的种种重要贡献，并向母校和恩师们深切表达感激之情。他发言时极其激动，甚至潸然泪下，不能卒言。我们也都很激动，深表同感。他还以我们全班的名义，请书法家写了“大不自多，海纳江河”的作品赠送给母校留念。

会后级友们齐声高呼：祝愿母校永远昌盛，发展壮大！

校方还为这次聚会做了摄影记录，以资纪念。

陈宜张和徐英含都在会上向母校表达了难忘母校当年培育的恩情，深感“浙大人”有强大的凝聚力和战友情谊。他们向母校领导介绍了我们级友间的“连环信”联络方式。自1993年恢复连环信联络后，已坚持了40轮连环信，平均每年可在全国流转两圈。每次级友收到信后，抽去上轮自己所写的，加入新写的。这样每次都可收到13位级友的信，从而促进相互了解，以慰想念。宜张已将1—15轮连环信刻录成光盘，送浙大校史馆存档，并分赠级友们存念。

胡之同发起大家写点回忆早期浙江大学医学院学习和生活片段的纪念文章的活动，大家一致赞成。现已由陈宜张和徐英含汇集编印，蔚然成册。除呈母校存档外，并分送校友留念。书中点点滴滴，都反映出我们对母校和老师们的深切怀念和感恩心情。

11日下午，母校招待我们泛舟畅游西湖。碧波荡漾的西湖，抚慰着我们这群游子的心。我们在画舫上畅谈别后离情，更感依依难舍。但是一想起已经逝去的和还在重病中的级友，心情又变得十分沉重。

午餐和晚宴，校方都盛情款待我们，晚间还尝到了极其难得的富春江鲥鱼。晚宴时，校方特地邀请了10多位47、48和49级在杭校友代表作陪。我们大家本来都很熟稔，有的都以绰号相称，亲如兄弟姐妹。如今大家都已年过八旬，白发垂垂。60年未见，恍若隔世，执手无语，不知怎样表达重逢的喜悦才好。席间宾主频频举杯，互道珍重，尽欢方散。

我们这次盛会，虽非绝后，亦属空前。宜张、仁宝、英含和士钫4位，住在沪杭，想再聚的机会总是有的。而鲍亦钟、阮光烈、来匡逮、冯镇沅4位，远隔数千里，往返得乘飞机，并需亲属陪护和推轮椅，则重聚将极其困难了。

今日我们得返浙大重聚，她像慈母一样，深情地张开双臂，将我们拥入怀中。正如有位歌唱家歌颂祖国母亲那样："你用那甘甜的乳汁，把我抚养大！"母校抚养我们的甘甜乳汁，就是浙大的"求是"校训，就是竺可桢校长、王季午院长和许多老师们的殷勤教导。它培育我们一代一代的浙大人茁壮成长，永远前进。

浙江大学，亲爱的母校！你永远在我们心中！

1946级同学于1951年离开浙江大学60年后，于2011年10月回访母校，同学重聚。

2011年10月，浙江大学医学院会议室

（左起：陈宜张、阮光烈、鲍亦钟、徐英含，余为医学院领导）

2011年10月，浙江大学医学院会议室

（左起：段树民、鲍亦钟、罗建红、徐英含、陈智）

2011年10月，浙江大学医学院会议室
（一排左起：阮光烈、冯镇沅、来匡逮、鲍亦钟、柯士钫、徐仁宝、陈宜张、徐英含；
二排左起：陈国忠、吴弘萍、罗建红、来茂德、段树民、陈智、任桑桑）

2011年10月，浙江大学医学院院史陈列馆
（右起：陈国忠、吴弘萍、陈宜张、柯士钫）

2011 年 10 月，浙江大学医学院院史陈列馆
（右起：陈国忠、吴弘萍、陈宜张、柯士钫、徐英含、鲍亦钟、阮光烈）

2011 年 10 月，浙江大学灵峰山庄
（左起：来匡逮、冯镇沅、徐英含、陈宜张、鲍亦钟、徐仁宝、阮光烈、柯士钫）